Christoph Wrembek SJ
DER STERN – DIE WEISEN – UND WIR

Christoph Wrembek SJ

Der Stern –
die Weisen –
und wir

Die Geburt Jesu
in Bethlehem

benno

Bibliografische Information der Deutschen Nationalbibliothek
Die Deutsche Nationalbibliothek verzeichnet diese Publikation
in der Deutschen Nationalbibliografie; detaillierte bibliografische Daten
sind im Internet über http://dnb.d-nb.de abrufbar.

Besuchen Sie uns im Internet:
www.st-benno.de

ISBN 978-3-7462-2986-7

© St. Benno-Verlag GmbH
Stammerstr. 11, 04159 Leipzig
Umschlaggestaltung: Ulrike Vetter, Leipzig
Umschlagmotiv: © www.astrofoto.de
Gesamtherstellung: Kontext, Lemsel (A)

Inhalt

Vorwort

Weihnachten gehört ohne Zweifel zum schönsten aller Feste der Christenheit. Der Stall mit dem Stroh und dem Stern darüber, die Krippe mit dem Kind, all die lieblichen Figuren, angefangen von Josef und Maria bis zum kleinsten aller Schäfchen und Engelein, sie bewegen auch den aufgeklärten Betrachter, seine intellektuelle Distanz für ein paar Minuten aufzugeben und scheu das eigene Innere zu betreten, um ein Geheimnis zu ertasten. Wenn Kinderhände einen zur Krippe ziehen, wie kann man da widerstehen, jene andere Krippe in sich selbst zu erwägen? Welch Glück, dass es sie gibt, diese kleinen Hände! Ohne sie würde mancher Erwachsene den Weg nach vorne und nach innen nicht schaffen.

Und das ist ja auch wahr: An Weihnachten feiern wir nicht den „Weihnachtsmann"! Einen Erwachsenen also, ausgeliehen und kostümiert, entlohnt und entlassen. Wir feiern ein Kind! Von Gott umsonst geschenkt. Für immer! Ein Kind verändert die Welt. Das ist so undenkbar, so unglaublich wie beim ersten Mal.

Wenn wir also zur Krippe im Stall von Bethlehem hinzutreten, dann wissen wir aus alter christlicher Tradition, was wir dort sehen werden und erwarten dürfen: Da ist das Kind in der Krippe, in einem Kasten aus Holz oder Stein. Liebevoll liegt es auf Heu und auf Stroh, die Ärmchen offen für alle, sorgsam geschützt vom Dach des Stalles, der kunstvoll aus Holz oder Schindeln gezimmert ist und unterschiedliche Fertigkeiten seiner Erbauer erkennen lässt. Mit oder ohne elektrisches Licht. Da sind Josef mit seiner Laterne und Maria mit gefalteten Händen über blauem Gewand; da sind Hirten und Schafe um sie herum, Ochs und Esel als kundige Zugabe und nicht zu unterschätzende Attraktion für Kinderaugen. Lassen wir all die liebevollen Feinheiten beiseite, die jedes Jahr dazukommen mögen – auf keinen Fall darf über allem der Stern fehlen, meist mit beeindruckendem Schweif ausgestattet, als Komet erkennbar und gut leuchtend.

Genauso wenig dürfen die Heiligen Drei Könige fehlen, auch wenn sie erst in gebührendem zeitlichen Abstand die staunenden Hirten und Schafe ergänzen, gleichsam als krönender Schlusspunkt aller Huldigung. Dann aber knien sie eindrucksvoll in prächtigen Gewändern, mit goldener Krone oder Turban auf greisem Haupt und immer mit Geschenken in Händen: Gold, Weihrauch und Myrrhe. Wir wissen sogar ihre Namen: Kaspar, Melchior und Balthassar. Und Kaspar ist gewiss schwarz wie ein Neger, mit buntem Gewand auffallend hervorgehoben. Wir haben gehört, sie kommen aus dem Morgenland und sind dem Stern gefolgt, der sie zur Krippe nach Bethlehem geführt hat. Nun treten sie herzu und beten ehrerbietig das Kind an, den Sohn Gottes, den König der ganzen Schöpfung.

Das alles ist genauso richtig, wie es schön ist, und voll tiefen Sinnes. Treten wir aber von der Krippe zurück und schlagen zu Hause die Bibel auf, Matthäus und Lukas im griechischen Original, dann sieht dieser Stall mit dem Sohn Gottes auf einmal ganz anders aus. Nicht wenige mögen darüber verwundert sein, aber es gibt keinen Zweifel.

Christoph Wrembek SJ

Kein Stall, kein Josef, keine drei Könige ...?

Wir entdecken als Erstes, dass dort gar nichts von einem Stall steht. Lukas schreibt nur von einer Krippe/*phatnē* (2,7). Es stimmt auch nicht, dass Josef und Maria zunächst in einer „Herberge" unterkommen wollten, dort aber vom unwirschen Herbergsvater unbarmherzig vor die Tür gesetzt wurden. (Wer kennt sie nicht, die barsche Stimme, die das Paar abweist?) Im Griechischen des Neuen Testamentes bedeutet das Wort *katályma* einfach „Haus, Unterkunft" oder gar nur „Raum". Warum in diesem Haus kein Platz mehr vorhanden war, werden wir noch verstehen. Jedenfalls wurde niemand grob abgewiesen. Die „Krippe", in die das Kind gelegt wurde, befand sich im Stall für die Tiere. Der Stall erschien Maria und Josef als der geeignetere, weil intime Ort für das Gebären, passender als ein von Männern überfülltes Haus.
Dieser Stall, heute als Schuppen aus Holz dargestellt, war in Bethlehem sicher eine Höhle. Noch heute kann man im dortigen Felsgestein zahlreiche Höhlen entdecken und auch besuchen; unter der Geburtskirche befinden sich gleich mehrere davon. Damals einen Stall aus Holz zu bauen, wäre viel zu teuer gewesen und hätte die Möglichkeiten der Natur ungenutzt gelassen. Auch heute noch bringt man Schafe und Ziegen dort in Höhlen unter. Die Menschen lebten und leben eng mit ihren Tieren zusammen.
Mit diesen Änderungen am traditionellen Bild des Stalls von Bethlehem sind wir keineswegs am Ende der Korrekturen. Konzentrieren wir uns auf die „Heiligen Drei Könige". Auch hier stimmt etwas nicht, wenn wir nur genau hinhören, was der Evangelist im Original schreibt.
Matthäus, der sie als Einziger erwähnt (2,1), sagt weder, dass

sie Könige waren noch dass es drei waren. Dies alles ist in der Überlieferung christlicher Traditionen etwa ab dem dritten, vierten Jahrhundert so verstanden und später durch Ausschmückungen ergänzt worden. Die Gründe dafür sind einleuchtend: Wir hören ja unmissverständlich von drei Geschenken – also sollten es auch drei Personen gewesen sein, von denen jede eines dieser Geschenke überreicht hat. Der Gedanke hat etwas Praktisches für sich; warum soll es nicht so gewesen sein?

Und wie kommt es, dass aus den vermuteten drei Personen Könige wurden? Da fand man in Psalm 72 den Vers 10f., wo es heißt: „Könige von Tarschisch und von den Inseln bringen Geschenke, Könige von Saba und Scheba kommen mit Gaben. Alle Könige der Erde beten ihn an …" Und bei Jesaja (60,6) konnte man lesen: „Eine Menge von Kamelen wird dich überfluten, Dromedare von Midian und Epha. Sie alle werden von Saba kommen und Gold und Weihrauch bringen und die Ruhmestaten Jahwes verkünden."

Abb. 1: Kalksteinhöhle südöstlich der Geburtskirche.

Tertullian (gest. um 220 n. Chr.) und Origenes (gest. 254 n. Chr.) haben diese Verse auf die „Weisen aus dem Morgenland" bezogen und sie als „Könige" bezeichnet, was nach ihrer Meinung durch die kostbaren Gaben bestätigt wurde. Christliche Volksmeinung und Kunst sind ihnen darin gern gefolgt, und ab dem 5. und 9. Jahrhundert werden sie dann auch als Könige dargestellt. Dass einer von ihnen schwarz war, schloss man aus dem Land Saba: Wer von dort kam, musste schwarze Hautfarbe haben. Aber Matthäus sagt davon kein Wort.

Produkt von „Glaubensfantasie"?

Er sagt auch nichts davon, dass die „Magoi" (so lautet seine Bezeichnung; wir werden noch sehen, was sie bedeutet) dem Jesuskind an der Krippe huldigen und ihm ihre Geschenke an der Krippe, also im Stall bzw. in der Höhle, überreichen. So wird es in allen Krippenszenen selbstverständlich dargestellt. Matthäus schreibt (2,11), dass sie „in das Haus/*oikían*" eintraten; den Josef erwähnt er nicht. Nach Lukas aber verließen Josef und Maria das „Haus", sie konnten sich zur Geburt nicht in einen überfüllten Raum zwischen die Anwesenden drängen und gingen lieber in die Höhle nebenan, den damaligen Stall. Bei Matthäus aber kommen die Magoi nicht in den Stall, sondern in ein Haus! Das alles ist merkwürdig. Widersprechen sich Matthäus und Lukas oder sprechen sie von zwei verschiedenen Ereignissen? Denn das Kind ist in einer Höhle geboren, die Magoi aber bringen ihre Geschenke in ein Haus. Und Josef ist nicht mehr da. Ist das noch derselbe Ort, dieselbe Zeit der Geburt? Aus diesen so verschiedenen Darstellungen der Geburt Jesu bei Matthäus und Lukas schließen die Bibelforscher, dass die Berichte der Evangelisten nicht zueinander passen. Sie hätten im Gegenteil unterschiedliche „Glaubenstraditionen" verarbeitet. Das würde einmal mehr darauf hinweisen, dass sie nicht berichten, was tatsächlich historisch geschehen ist, sondern was als „Produkt von Glaubensfantasie" damals kursierte, eine Legende.
Diese Auffassung, in den Kindheitsgeschichten begegneten uns Legenden, scheint durch ein weiteres Faktum bestärkt zu werden.
Da berichtet Matthäus von einem Stern „über dem Ort, wo

das Kind war". (Lukas sagt nichts von einem Stern.) Der Stern wird fast nie ohne Schweif dargestellt, also immer als Komet. Auch in wissenschaftlichen Zeitschriften finden wir ihn als Kometen wiedergegeben. Matthäus gebraucht aber für die Bezeichnung des Sternes (2,2 und 2,9) nicht das damals gebräuchliche griechische Wort für „Komet", sondern das übliche für „Stern". Was war nun über Bethlehem zu sehen? Doch ein Komet? Oder einer unserer Planeten, als „Stern" bezeichnet? Oder eine „Supernova", ein explodierter ferner Stern? Oder gab es überhaupt keinen Stern und Matthäus hat, wie schon vermutet, nur eine Legende gesponnen?

Erfundene Erfüllung?

Letzteres ist die vorherrschende Meinung der historisch-kritischen Bibelforschung: Es gab gar keinen Stern über Bethlehem! Matthäus habe seinen „Glauben" entsprechend damaliger Zeit ausgedrückt. Dazu argumentiert man folgendermaßen: Im Buch Numeri (24,17) spricht der Seher Bileam eine Weissagung aus, die auf den kommenden Messias bezogen wird: „Ein Stern geht auf aus Jakob, ein Zepter erhebt sich aus Israel ..." Weil nun Matthäus und die ersten Christen glaubten, ihr Jesus aus Nazareth sei dieser verheißene Messias, hätten sie die Weissagung des Bileam als „erfüllt" hingestellt. Dazu habe Matthäus den Stern einfach erfunden, als Ausdruck seines Glaubens. Der Fachbegriff hierfür lautet: „Erfüllungsprophetie".

Bevor wir später darauf zurückkommen werden, sei hier nur auf Folgendes verwiesen: Vor allem bei Matthäus finden wir quer durchs ganze Evangelium zahlreiche Stellen, die immer gleich lauten: „Dies ist geschehen, damit sich erfülle, was beim Propheten geschrieben steht ..." Matthäus, der Jude war, schrieb sein Evangelium für Juden in Judäa. Für dieses Publikum war es unaufgebbar notwendig, dass alles, was heute geschah, schon in Gottes heiligen Schriften aufgeschrieben stand. Dann und nur dann war klar, dass Gott, der Ewige – gepriesen sei Er –, auch hier und jetzt am Werke war. Entsprechend gebraucht Matthäus in der Kindheitsgeschichte Jesu mehrfach diese Formel „dies ist geschehen, damit sich erfülle ...". Doch ausgerechnet und nur beim Stern über Bethlehem gebraucht er sie nicht! Man könnte einwenden, er habe die Stelle mit Bileam nicht gekannt. Aber das überzeugt nicht: Wir wissen, dass sie in Israel gut bekannt, geradezu beliebt war und noch hundert Jahre später in einer ähnlichen Situation benutzt wurde. Daraus folgt: Wenn Matthäus diese Formel für den Stern nicht benutzt hat, obwohl sich dies geradezu aufdrängte, dann kann man den Stern nicht unter „Erfüllungsprophetie" einordnen. Hier muss es um etwas anderes gehen. Ich werde das später noch mehr belegen.

Wie sehr es hier um etwas anderes geht, wird auch daran deutlich, dass Matthäus die Geburt Jesu nur in einem halben Satz erwähnt: „... bis sie ihren Sohn geboren hatte" (Mt 1, 25). Kürzer geht es nicht. Dafür bringt er eine lange und detaillierte Geschichte von einem Stern: Das gesamte Kapitel 2 bei Matthäus ist ihm gewidmet. Im ganzen Alten Testament gibt es nichts Vergleichbares, wo eine Sache derart hauptsächlich und alles leitend im Mittelpunkt stände. Nicht einmal die Magoi stehen im Mittelpunkt, sondern der Stern. Durch ihn sind sie, so heißt es bei Matthäus, erst auf den neugeborenen König aufmerksam geworden und haben sich auf den Weg gemacht; und als sie den Stern vor Bethlehem wieder sehen – nicht das Kind! Man muss das beachten –, freuen sie sich sehr. Es ist unzweideutig der Stern, der in diesem Kapitel die Regie führt.

Zauberer? Wanderastrologen?

Das alles kam den Fachleuten der Bibel so merkwürdig vor, dass sie ihre These von der Legende ein zweites Mal hervorholten. Dieses Mal verbanden sie sie mit den Gestalten der Zauberer und Wanderastrologen. Diese Leute gab es zur Zeit Jesu, sie werden sogar im Neuen Testament erwähnt (etwa Apg 8,9–24). Ferner wissen wir, dass in jener Zeit Sterne, vor allem Kometen, oft dazu benutzt wurden, um Herrschern etwas Gutes oder Schlechtes vorauszusagen oder um schreckliche Ereignisse anzukündigen, die für Kundige aus den Sternen schon ablesbar waren. Und das taten bisweilen solche Zauberer, die als Wanderastrologen nach der Meinung des Volkes über ein geheimes Wissen verfügten.

Kann man mit dieser Interpretation den Text bei Matthäus stimmig erklären?

Für Zauberer, Wanderastrologen gehörte es zum Wesen ihres Berufes, dass sie damit Geld verdienten. Deswegen konnten sie es sich nicht leisten, Voraussagen zu machen, derentwegen man sie zum Teufel jagen oder gar umbringen würde. Sie mussten also die jeweiligen gesellschaftlichen und sozialen Umstände, die politischen Spiele der herrschenden Gruppen und die Tendenzen im Volk gut kennen. Sie mussten sich in der jeweiligen Region auskennen und klug vorangehen, sonst liefen sie Gefahr, eine Voraussage zu machen, die sie selber in Schwierigkeiten brachte. Im Text bei Matthäus aber erscheinen sie wie Fremde, wie ahnungslos und dumm dazu: Sie müssen sich nach dem neugeborenen König erst erkundigen, sie wissen nicht, wo der geboren ist, sie bringen mit ihrer Frage das Misstrauen und die Eifersucht des herrschenden Königs gefährlich in Gang, alle in der Stadt geraten in Angst. Sie sagen ihm nämlich keine eigene und gute Zukunft voraus, sondern dass er von einem Nachfolger abgelöst werden wird. Eine überaus ungeschickte „Geschäftsführung", muss man sagen. Und am Ende halten sie nicht ihre Hände auf, um Entlohnung einzustreichen, sondern sie geben kostbare Geschenke weg – und zwar an ein namenloses Kind. Kurz: Was Matthäus uns schildert, lässt sich mit „Zauberer, Wanderastrologen" nicht erklären.

Nur eine Nacherzählung?

Doch kennen die Wissenschaftler der Bibel noch andere Texte, die unser Kapitel bei Matthäus einwandfrei zu erklären scheinen. Man nennt sie Midrasch(-im). Das sind jüdische Geschichtstexte, die mal belehrend, mal erzählend die alten Überlieferungen der heiligen Schriften neu darlegen. Unter ihnen gibt es den Mose-Midrasch und den Jakobs-Midrasch. Man kann sie nachlesen bei Josephus Flavius, dem bekannten jüdischen Historiker, in seinem Buch „Jüdische Altertümer" (II,9,4 u. a.). Liest man die beiden (Nach-) Erzählungen und hat dabei das Evangelium des Matthäus im Hinterkopf, ist man perplex: Matthäus gebraucht gelegentlich die gleichen Worte, ja die gleichen Sätze, die schon in den alten jüdischen Erzählungen zu lesen sind! Die Geschichte von der Geburt Jesu, vom Entsetzen des Herodes und seiner Beratung mit Hofleuten, von der Flucht der Heiligen Familie nach Ägypten, dem Mord an den Kindern von Bethlehem bis hin zur Rückkehr aus Ägypten scheint ganz und gar eine Nachbildung dieser jüdischen Midraschim zu sein. Mithilfe dieser alten Geschichten sollte, so scheint es, einmal mehr der Glaube der jungen Christen gefestigt und bedeutsam gemacht werden. Jener Glaube nämlich, dass ihr Jesus wie Mose von Gott gesandt und vor dem Pharao bzw. Herodes gerettet worden sei. Er sei der neue Mose. In Wirklichkeit habe es natürlich kein Bethlehem gegeben, keinen Kindermord, keine Rückkehr aus Ägypten, die ganze Geburtsgeschichte sei nur eine Legende für den Glauben.
Bei dieser Interpretation handelt es sich schlicht um einen logischen Denkfehler. Es ist richtig, die Ähnlichkeiten zwischen beiden Texten sind frappierend. Was folgt daraus für

die Frage nach der Realität der Kindheitsgeschichte Jesu? Gar nichts! Denn aus einem bestimmten Sprachstil kann man nicht ableiten, was sich dahinter für eine historische Wirklichkeit verbirgt. Beispiel: Ein Journalist kann den Besuch eines deutschen oder estnischen Staatsoberhauptes in China sowohl im informativen Zeitungsstil schildern, er kann ihn auch im Stil eines Märchens erzählen: Es war einmal ein großer König, der wollte den großen Kaiser im fernen Osten besuchen … Benutzt er die zweite Sprachform, kann man daraus nicht schlussfolgern, es habe den Besuch in der Realität gar nicht gegeben. Die Frage nach der Realität muss man anders beantworten. Vielmehr ist zu fragen: Welche zweite Sinnwahrheit wollte der Autor mithilfe der Märchenform der ganzen Geschichte, die wirklich passiert ist, noch hinzufügen? Indem Matthäus eine bekannte Sprachform (der Fachausdruck lautet: literarisches Genus) benutzt, die der alten Midraschim, folgt daraus überhaupt nicht, dass die so berichtete Sache in Wirklichkeit nicht passiert sei. Es wird ihr nur eine zweite Sinnebene hinzugefügt. In unserem Fall die, dass Jesus der neue Mose sei. Das passt übrigens ausgezeichnet zum gesamten Evangelium des Matthäus, der diese Aussage in verschiedener Weise an mehreren Stellen wiederholt.

Was haben wir bisher gefunden?

Unsere traditionelle Krippe, so schön und tiefsinnig sie ist, kann nicht als korrekte Nachbildung der Texte bei Matthäus und Lukas gelten. Würde man sich an ihre Evangelien halten, müsste man die Geburt in einer Höhle darstellen, dürften die „drei Könige" keine Könige sein; sie dürften überhaupt nicht an der Krippe im Stall erscheinen. Und wie viele es sind, bliebe auch offen. Sie kämen zudem (erst später?) in ein Haus, und Josef wäre nicht anwesend. (Wir beschränken uns auf unser Thema.)

Ein Wunderstern?

Die Fachexegeten haben aber noch mehr scheinbare Widersprüche und Probleme gefunden. Dafür muss man ihnen dankbar sein, denn erst Probleme und Fragen helfen uns, nachzudenken und Antworten zu finden. Die Fachexegeten sehen in den Angaben der beiden Evangelisten zum einen gegensätzliche Aussagen (Höhle – Haus, mit Josef – ohne Josef, wenig von der Geburt – viel von der Geburt, gar kein Stern – lange Geschichte vom Stern, mit Magoi – ohne Magoi u. a. m.), zum anderen finden sie in der Angabe des Matthäus zum Stern Aussagen, die, wie sie meinen, naturwissenschaftlich unmöglich seien, weshalb es sich bei dem Stern um einen „Wunderstern" einer erbaulichen Glaubenslegende handeln müsse.

Diesen letzten Punkt belegen sie mit zwei Aussagen, die tatsächlich im griechischen Text bei Matthäus stehen. Da heißt es einmal, der Stern „zog vor ihnen her", und gleich darauf: „bis er über dem stehen blieb, wo das Kind war". Das sei schlicht unmöglich, sagen die Gelehrten. Denn erstens ziehe ein Stern nicht von Norden nach Süden – so aber verlief der Weg der Magoi: Von Jerusalem südlich nach Bethlehem ... und der Stern vor ihnen her? Zweitens bleibe ein Stern ja wohl nicht über einem Haus stehen; es fehlte noch, er zeige genau darauf hin. Und doch sind beide Angaben des Matthäus hundertprozentig korrekt und für jeden überprüfbar.

Beim ersten Einwand liegt der Fehler in der Übersetzung aus dem Griechischen. Für das Wort „zog vor ihnen her" steht dort das Verbum *proágo*. Es hat die Bedeutungen: vorwärtsführen, weiterführen, hervorgehen, weiterziehen, vorrücken, vor jemandem herziehen, vorausgehen. Will man das

Griechische übersetzen, muss man sich also fragen, welche Bedeutung im Fall des Sterns die passendere ist. Nur einfach jene Bedeutung zu nehmen, die mir gerade nach meiner Vorstellung plausibel erscheint („zog vor ihnen her") und hinterher zu monieren „Sterne ziehen aber nicht von Norden nach Süden!", ist augenscheinlich dumm: Der Fehler liegt beim Übersetzer! Er übersetzt falsch – und wirft Matthäus vor, Unsinniges geschrieben zu haben. Der wusste natürlich auch, dass Sterne nicht von Norden nach Süden ziehen. Bei jeder Übersetzung muss ich zunächst die gemeinte Sache erkennen, nur dann finde ich das passende Wort in meiner Sprache. Die Übersetzer hätten also zunächst ein wenig Astronomie studieren müssen. Dann hätten sie schnell „eingesehen", dass ihre übliche Übersetzung nicht korrekt sein kann. Für die Magoi nämlich, die von Jerusalem auf der Straße nach Hebron etwa 10 km südlich bis Bethlehem zogen, zeigte sich der Stern halbhoch links vor ihnen. Und scheinbar bewegte er sich noch, von links nach rechts bzw. von Osten nach Westen, aber ebenfalls in Richtung Bethlehem, auf Bethlehem zu. Das lässt sich mit jeder Software vom Sternenhimmel auf den Computer herunterladen. Die Übersetzung muss also einwandfrei lauten: Führte sie weiter, ging ihnen voran … nämlich auf seinem Weg nach Bethlehem, zu dem sie auf ihrem Weg unterwegs waren. Wir werden später sehen, wie dieses Ereignis für die Magoi „in natura" noch viel beeindruckender und hilfreicher war, als es uns jetzt auf dem Papier vorkommen mag.

Kann ein Stern stehen bleiben?

Ob und wie ein Stern über einem Ort stehen bleiben kann, dazu sei an dieser Stelle nur Folgendes gesagt: Unsere Planeten (um diese handelt es sich hier) laufen in Kreisbahnen um die Sonne, unsere Erde läuft mitten zwischen ihnen. Die Erde vollzieht dabei noch eine Drehbewegung um sich selber, bei der sie mit ihrer schräg stehenden Achse leicht wippt. Die damalige Astronomie wusste noch nichts von der Raumtiefe; die Kreisbahn der Sterne um die Sonne erschien ihr wie eine zweidimensionale Bewegung von links nach rechts bzw. von rechts nach links. Betrachten wir den Lauf eines Planeten um die Sonne von der mitlaufenden Erde aus, ergibt sich notwendig ein Punkt in seiner Kreisbahn, wo er zwar seine kurvige Bahn unverändert weiterläuft, für den

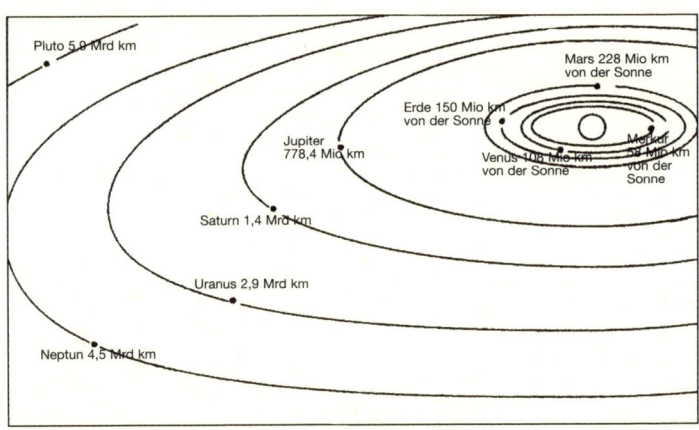

Abb. 2: Vereinfachte Darstellung unseres Planetensystems. Jupiter braucht für einen Umlauf knapp 12, Saturn fast 30 Erdenjahre.

Betrachter von der Erde aber in die entgegengesetzte Richtung umzukehren scheint.

Man kann das Phänomen auch an einem Flugzeug demonstrieren, das im Landeanflug einen Halbkreis fliegt: Für den Betrachter scheint es, als fliege es erst nach links, dann stände es still, dann fliege es nach rechts zur Landebahn. Wir haben es hier mit einer Täuschung zu tun, die jedem Menschen in seinem Leben widerfährt. Alles dabei verläuft völlig nach Naturgesetzen. Jedoch, warum die beiden Ereignisse, (scheinbare) Umkehrung der Sternenbahn und Kommen der

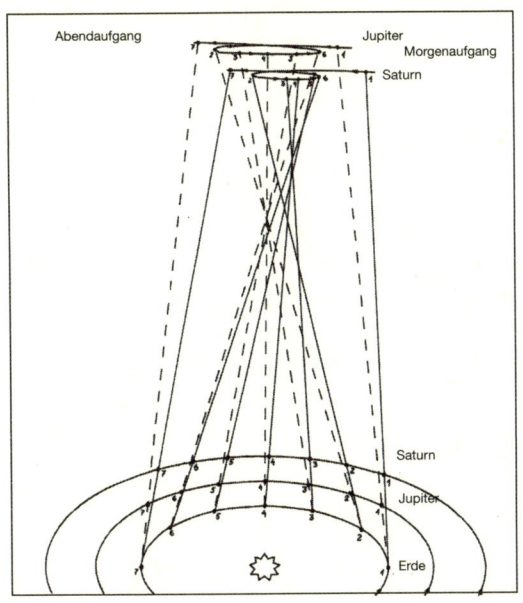

Abb. 3: Die Schleifenbewegung der Planeten, von der Erde aus gesehen.

Magoi, zeitlich zusammenfielen und örtlich genau über Bethlehem, das gehört vielleicht doch zu den Wundern Gottes. Wir können jedoch dies Wunder vor unseren Augen mithilfe der Software wieder und wieder bestaunen. Warum es unter den Fachgelehrten allerdings so viele gibt, die diese einfachen Zusammenhänge nicht erkennen, scheint mir ebenfalls ein Wunder zu sein.

Wollen die Evangelisten
historische Fakten berichten?

Um die Fachgelehrten ein wenig zu entschuldigen, muss man Folgendes berücksichtigen: In jeder Wissenschaft gibt es Entdeckungen. Sie sind für gewöhnlich mit einem berühmten Namen verbunden. Wenn die Entdeckung richtig und bedeutsam ist (oder solange sie nicht als falsch erwiesen wird), beherrscht sie für einige Jahre oder Jahrzehnte die ganze Zunft: Niemand kann etwas anderes, gar das Gegenteil, behaupten. In der Fachwissenschaft der Exegese wurde nun die Entdeckung gemacht, dass die Worte der Evangelisten gar nicht so historisch-real-wirklich stimmen, wie man das bis dahin angenommen hatte. (Wir haben dafür selber Beispiele gefunden.) Aus dieser Entdeckung, die nicht total falsch war, formte sich bald eine Schulrichtung, die in ihrem Höhepunkt behauptete, dass die Evangelisten keine historischen Fakten berichten wollten und es auch nicht getan hätten. Z. B. hätte Jesus keine Wunder gewirkt und die Auferstehung sei ebenfalls nichts als ein „Glaubensakt" von Gläubigen, Liebe sei eben stärker als der Tod usw. Man könne das Leben Jesu nicht historisch rekonstruieren. Wer in den Evangelien historische Fakten suche und seinen Glauben darauf bauen wolle, sei auf dem Holzweg. Unser Glaube basiere nicht auf historischen Rekonstruktionen, sondern auf dem Glauben der ersten Glaubenden.
Diese kritische Schulmeinung hat einiges für sich. Sie ist hilfreich gewesen, weil sie vieles auf den Prüfstand gestellt hat. Was davon den „Schütteltest" bestanden hat, ist seitdem sicherer als zuvor. Sie hat aber auch ihre Schwächen. So muss man z. B. gegenfragen, worauf denn die ersten Chris-

ten ihren Glauben gebaut haben? Auch nur auf Glauben? Irgendwo muss ein Fundament in der Wirklichkeit, in der tatsächlichen Realität, vorliegen, sonst hinge ihr und unser Glauben beliebig in der Luft. Weiter muss man fragen, ob die Evangelisten, wenn auch nicht durchgehend, so doch hier und dort historische Tatsachen weitersagen wollten und es auch getan haben. Vielleicht sind umgekehrt wir es, die diese noch nicht als solche erkannt und entdeckt haben. Ein Drittes: Der Jude Josephus Flavius aus der Zeit der Apostel hat so viel an historischen Fakten überliefert, dass er wie ein Lexikon benutzt wird. Dass ihm dabei Fehler unterlaufen sind (bei Zahlen z. B. hat er sein Volk und sich selbst arg übertreibend hervorgehoben), ist kein Einwand, im Gegenteil: Es zeigt nur, dass Forscher von heute nach verlässlichen Fakten von damals suchen. Natürlich!

Wenn aber der Jude Josephus, Mitglied des Hohen Rates zu der Zeit, da Paulus in Jerusalem gefangen genommen wurde (um 60), historisch exakt schrieb, dann kann man den Evangelisten die gleiche Fähigkeit und Absicht nicht von vornherein und grundsätzlich absprechen. Sie muss als möglich zugelassen werden.

26

Drei Fachbereiche müssen berücksichtigt werden

Soll dann auch ein echter Stern als historisch-astronomisch möglich zugelassen werden, der über Bethlehem stehen blieb, womöglich sogar auf den Ort hinwies, wo das Kind war, wie Matthäus es schreibt? Das erschien und erscheint den meisten Fachgelehrten des Neuen Testamentes doch ein bisschen viel an „Glauben", den sie da erbringen sollen. An ihrer Verunsicherung sind in diesem Fall auch Gelehrte oder „Halbgelehrte" von astronomischer Seite schuld. So manch einer von ihnen „beweist" oder „widerlegt" etwas, ohne genügend Fachkenntnis für die zur Frage stehende Sache vorweisen zu können. Wirkliche Astronomen halten den gesamten Fragebereich, so scheint mir, von vornherein für entweder so unbedeutend und unergiebig oder auch für so klar, aber belanglos, dass sie sich dazu nicht hörbar geäußert haben.

Man muss ja wissen, dass für den „Stern von Bethlehem" drei Fachbereiche mit ihrem speziellen Wissen zusammenarbeiten müssen, damit die Bedeutung des Ergebnisses erkannt werden kann: der der Exegese, der der Geschichtswissenschaft und der der Astronomie. In dieser kleinen Studie berücksichtigen wir alle drei, nach den Prinzipien kritischer Forschung. Und der wichtigste, weil er die Grundlage ist, von der wir ausgehen müssen, ist dabei der exegetische, der Bericht des Matthäus: Was wollte er sagen oder schildern?

War der Stern ein Komet?

Zu unserer Frage haben die Fachexegeten eine letzte Deutung vorgelegt, mit deren Hilfe sie an ihrem Prinzip „Keine historischen Angaben!" festhalten können. Es handle sich beim Stern von Bethlehem, sagen sie, um einen Kometen. Kometen hätten damals, wie zeitgenössische Berichte überliefern, Glück oder Unglück angesagt. Und weil Jesus nun als der Messias geglaubt wurde, wollten seine Anhänger, die Christen, ihn als ebenso bedeutend wie den römischen Kaiser oder ägyptischen Pharao darstellen. Also musste auch bei seiner Geburt ein Stern am Himmel erscheinen. Und da es keinen passenden gab, erfand man einen Kometen.

Sie können als Befürworter ihrer These Origenes anführen; der bewunderte im Jahre 218 den Kometen Halley und erwog, ob er der Stern von Bethlehem sei. Er wusste jedoch nicht, dass Halley bereits im Jahre 12 v. Chr. seine Runde gedreht hatte, zu früh für die Geburt in Bethlehem. Eine chinesische Chronik erwähnt einen Kometen („Besenstern") im Jahre 5 v. Chr.; war er der „Stern von Bethlehem", wie einige Hobbyastronomen behaupten? Sie übersehen dabei, dass dieser Komet, wie wir berechnen können, zum Zeitpunkt, da er über Bethlehem hätte gesehen werden können, nur noch ein Hundertstel seiner ursprünglichen Helligkeit besessen hätte. Was bedeutet: Niemand hätte ihn beachtet, falls man ihn überhaupt entdeckt hätte.

Kehren wir zurück zu unseren Fachexegeten: Sie müssen bei ihrer Interpretation des Sterns von Bethlehem als eines Kometen gleich zwei Dinge außer Acht lassen: Dass erstens ein Komet eher Unglück als Glück ansagte (was zum verheißenen Messias schlecht passte); dass zweitens Matthäus den besagten Stern nicht mit dem damals üblichen Wort für „Komet" benennt, nämlich „*astron/*Gestirn" oder, wie Josephus es tut „ein Gestirn, einem Schwert ähnlich, ein Komet" (Jüdischer Krieg, VI,5,3). Matthäus spricht dagegen klar von einem „*aster/*Stern".

Es spricht aber noch etwas gegen die Annahme vom Stern von Bethlehem als einem Kometen. Etwas, das uns Matthäus im Dialog zwischen den Magoi und Herodes mitteilt: Herodes und seine Hofleute haben diesen „Kometen" offensichtlich noch gar nicht gesehen! Denn er fragt die Magoi, wann der *aster/*Stern (!) denn „aufgegangen" sei. Das allein schon passt nicht zu einem Kometen, der von allen deutlich zu sehen ist. Zudem muss die Frage des Herodes in ihrer grammatischen Form folgendermaßen übersetzt werden: Er erkundigte sich nach dem „erschienenen und immer noch scheinenden" Stern. Da die Magoi auf das vergangene Jahr verweisen, wäre das eine zu lange Periode für einen hellen Kometen.

Der „Stern" war also eine Erscheinung, die zwar schon lange am Himmel stand, von Verantwortlichen in Jerusalem aber noch nicht entdeckt war – ein merkwürdiges Himmelsphänomen! Wir werden genau diese spezifischen Fakten später als typisch für unseren Stern verstehen.

Kurz und gut: Die Hypothese von einem Kometen als Stern von Bethlehem kann man aus geschichtlichen, astronomischen, sprachlichen und anderen Gründen sicher ausschließen. Der Vollständigkeit halber sei kurz erwähnt, dass die Hypothese von einer „Supernova" als Stern von Bethlehem vor kritischem Hinterfragen noch weniger Bestand hat: Es gibt keine passenden Reste einer Sternexplosion am Himmel für die fragliche Zeit. Kepler hat im Oktober 1604 diese Vermutung aufgestellt, das gehörte zu seinem wissenschaftlichen Forschen. Er hat die Supernova, die er beobachtete, mit der großen Konjunktion von Jupiter und Saturn im Jahre 7 v. Chr. in Verbindung gebracht, als sei sie von beiden Planeten hervorgebracht und so zum Stern von Bethlehem geworden. Das war falsch.

Aber das Jahr 7 v. Chr. war richtig: Es ist das Jahr der Geburt Jesu.

Hier mag mancher Leser stutzen: Wie kann Jesus sieben Jahre vor dem Jahre „0", dem traditionellen Jahr seiner Geburt, geboren worden sein? Die Antwort ist einfach: Bei der Umrechnung von Kalendern, eine schwierige Angelegenheit, sind zwei Fehler passiert; sie addieren sich zu minus sieben. Deswegen ist Jesus „sieben vor Null" geboren – und wir leben heute eigentlich im Jahre 2010 plus 7, also in 2017. Aber, wie gesagt, Kalender sind ein Thema für sich.

Wo stehen wir jetzt in unserer kleinen Studie?

Wir haben einmal aufgezeigt, dass die traditionelle Krippendarstellung von der Geburt Jesu in Bethlehem samt den „Heiligen Drei Königen" in einigen äußeren Dingen verändert werden müsste, wollte man den griechischen Text bei Matthäus und Lukas genau nachstellen, nachspielen. Wir haben weiter bewiesen, dass alle Versuche, den „Stern" irgendwie wegzudiskutieren oder umzudeuten, dem Text bei Matthäus nicht gerecht werden. Abgesehen davon, dass so manche Einwände gegen Formulierungen bei Matthäus eher ein Beweis dafür sind, dass ihr Schreiber keine Ahnung von einfachen astronomischen Vorgängen besitzt bzw. den griechischen Text nicht gründlich studiert hat.

Damit haben wir die wissenschaftliche Berechtigung erlangt, uns dem originalen Text bei Matthäus noch genauer zuzuwenden: Was schreibt der Evangelist wirklich? Alle bisher angeführten Deutungen wurden ihm ja nicht gerecht.

Was steht im Original bei Matthäus?

Richten wir unser Augenmerk zuerst auf etwas, was jeder Leser bereits im Text seiner Hausbibel selber leicht entdecken kann. Bei 1,18 beginnt die matthäische Kindheitsgeschichte mit dem Bericht von „der Geburt Jesu Christi"; sie endet mit dem letzten Satz des zweiten Kapitels, Vers 23: „Er wird Nazoräer heißen." In diesen insgesamt 31 Versen werden vier Worte in einer auffallenden Weise mehrfach gebraucht: Engel des Herrn 4-mal, Vom Herrn durch Propheten gesprochen 4-mal, Josef 6-mal, Traum 4-mal. Auffallend daran ist jedoch, dass diese vier Begriffe in den 12 Versen der Geschichte mit den Magoi (2,1–12) bis auf 1-mal „Traum" nicht vorkommen. Wer einwendet, doch, dort ist ja auch von „Propheten" die Rede („so steht es geschrieben durch die Propheten", V. 5), muss beachten, dass es sich hierbei um eine andere Form des Zitierens handelt als an den übrigen Stellen der Josefsgeschichte.

Die 12 Verse der „Magoigeschichte" kommen also ohne Josef aus, ohne Engel des Herrn, ohne erfüllende Prophetie. Nur „Traum" wird einmal erwähnt; das schauen wir uns deswegen gleich genauer an. Wenn man sich die Häufungen der vier Begriffe auf einem Papier anschaulich aufzeichnet, sieht man sogar mit den Augen: Die zwölf Verse, die von den Magoi handeln, heben sich von den übrigen Versen davor und danach auffallend ab. Sie scheinen etwas Eigenes zu sein. Der Eindruck, man könnte es bei ihnen mit einem eigenen Traditionsstück zu tun haben, wird dadurch verstärkt, dass in diesen zwölf Versen der Sprach- und Schreibstil des Matthäus deutlich vom umgebenden Text abweicht: Hier herrschen rege Dialoge, Spannung wird aufgebaut, Überraschendes geschieht, große Freude kommt plötzlich auf, das Kind wird gefunden, der Stern steht sicher führend über allem. Kaum ist der Magoibericht zu Ende, tritt Josef wieder auf, wie er schon zuvor der Handlungsführende war.

Damit haben wir etwas Wichtiges und Schönes entdeckt: Die Kindheitsgeschichte bei Matthäus baut sich aus zwei Teilen zusammen: Aus einer Josefsgeschichte und einer Magoigeschichte. In die zweiteilige Josefsgeschichte (1,18–25, weiter in 2,13–23) ist die Magoigeschichte (2,1–12) eingefügt worden. Beide Berichte sind von Matthäus durch bestimmte Worte miteinander verbunden. In der Josefsgeschichte führt Josef die „Regie", er ist der Hörende und Handelnde; in der Magoigeschichte führt der Stern die Regie, durch ihn werden die Magoi zu Schauenden und Handelnden. Hören und Schauen, geschenkt durch Gottes Führung, durchwirken diesen Bericht von der Geburt Gottes auf Erden.

Mit der Geburt Jesu Christi war es so: Maria, seine Mutter, war mit Josef verlobt; noch bevor sie zusammengekommen waren, zeigte sich, dass sie ein Kind erwartete – durch das Wirken des Heiligen Geistes. **Josef**, ihr Mann, der gerecht war und sie nicht bloßstellen wollte, beschloss, sich in aller Stille von ihr zu trennen. Während er noch darüber nachdachte, erschien ihm ein **Engel des Herrn im Traum** und sagte: **Josef**, Sohn Davids, fürchte dich nicht, Maria als deine Frau zu dir zu nehmen, denn das Kind, das sie erwartet, ist vom Heiligen Geist. Sie wird einen Sohn gebären, ihm sollst du den Namen Jesus geben; denn er wird sein Volk von seinen Sünden erlösen. **Dies alles ist geschehen, damit sich erfüllte, was der Herr durch den Propheten gesagt hat.** Seht, die Jungfrau wird ein Kind empfangen, einen Sohn wird sie gebären, und man wird ihm den Namen Immanuel geben, das heißt übersetzt: Gott ist mit uns. Als **Josef** erwachte, tat er, was **der Engel des Herrn** ihm befohlen hatte, und nahm seine Frau zu sich. Er erkannte sie aber nicht, bis sie ihren Sohn gebar. Und er gab ihm den Namen Jesus.

Abb. 4

Josefsgeschichte I

Als Jesus zur Zeit des Königs Herodes in Betlehem in Judäa geboren worden war, kamen Sterndeuter aus dem Osten nach Jerusalem und fragten: Wo ist der neugeborene König der Juden? Wir haben seinen Stern im Aufgang gesehen und sind gekommen, um ihm zu huldigen. Als König Herodes das hörte, erschrak er und mit ihm ganz Jerusalem. Er ließ alle Hohenpriester und Schriftgelehrten des Volkes zusammenkommen und erkundigte sich bei ihnen, wo der Messias geboren werden solle. Sie antworteten ihm: In Betlehem in Judäa; denn so steht es bei dem Propheten: Du, Betlehem im Gebiet von Juda, bist keineswegs die unbedeutendste unter den führenden Städten von Juda; denn aus dir wird ein Fürst hervorgehen, der Hirt meines Volkes Israel. Danach rief Herodes die Sterndeuter heimlich zu sich und ließ sich von ihnen genau sagen, wann der Stern erschienen war. Dann schickte er sie nach Betlehem und sagte: Geht und forscht sorgfältig nach, wo das Kind ist; und wenn ihr es gefunden habt, berichtet mir, damit auch ich hingehe und ihm huldige. Nach diesen Worten des Königs machten sie sich auf den Weg. Und siehe, der Stern, den sie im Aufgang gesehen hatten, führte sie weiter, bis er über dem Ort, wo das Kind war, stehen blieb. Als sie den Stern sahen, freuten sie sich mit großer Freude gar sehr. Sie gingen in das Haus und sahen das Kind und Maria, seine Mutter; da fielen sie nieder und huldigten ihm. Dann holten sie ihre Schätze hervor und brachten ihm Gold, Weihrauch und Myrrhe als Gaben dar. Weil ihnen aber im Traum geboten wurde, nicht zu Herodes zurückzukehren, zogen sie auf einem anderen Weg heim in ihr Land.

Magoigeschichte

Als die Sterndeuter wieder gegangen waren, erschien **dem Josef im Traum ein Engel des Herrn** und sagte: Steh auf, nimm das Kind und seine Mutter, und flieh nach Ägypten; dort bleibe, bis ich dir etwas anderes auftrage, denn Herodes wird das Kind suchen, um es zu töten. Da stand **Josef** in der Nacht auf und floh mit dem Kind und dessen Mutter nach Ägypten. Dort blieb er bis zum Tod des Herodes. **Denn es sollte sich erfüllen, was der Herr durch den Propheten gesagt hat.** Aus Ägypten habe ich meinen Sohn gerufen. Als Herodes merkte, dass ihn die Sterndeuter getäuscht hatten, wurde er sehr zornig und er ließ in Betlehem und der ganzen Umgebung alle Knaben bis zum Alter von zwei Jahren töten, genau der Zeit entsprechend, die er von den Sterndeutern erfahren hatte. Damals **erfüllte sich, was der Herr durch den Propheten gesagt hat.** Aus Ägypten habe ich meinen Sohn gerufen. Als Herodes merkte, dass ihn die Sterndeuter getäuscht hatten, wurde er sehr zornig und er ließ in Betlehem und der ganzen Umgebung alle Knaben bis zum Alter von zwei Jahren töten, genau der Zeit entsprechend, die er von den Sterndeutern erfahren hatte. Damals **erfüllte sich, was der Herr durch den Propheten gesagt hat.** Aus Geschrei war in Rama zu hören, lautes Weinen und Klagen. Rahel weinte um ihre Kinder und wollte sich nicht trösten lassen, denn sie waren dahin. Als Herodes gestorben war, **erschien dem Josef in Ägypten ein Engel des Herrn im Traum** und sagte: Steh auf, nimm das Kind und seine Mutter und zieh in das Land Israel; denn die Leute, die dem Kind nach dem Leben getrachtet haben, sind tot. Da stand er auf und zog mit dem Kind und dessen Mutter in das Land Israel. Als er aber hörte, dass in Judäa Archelaus an Stelle seines Vaters Herodes regierte, fürchtete er sich, dorthin zu gehen. Und weil er **im Traum einen Befehl** erhalten hatte, zog er in das Gebiet von Galiläa und ließ sich in einer Stadt namens Nazaret nieder. **Denn es sollte sich erfüllen, was durch die Propheten gesagt worden ist.** Er wird Nazoräer genannt werden.

Josefsgeschichte II

Astronomische Fachbegriffe!

Schaut man sich die Magoigeschichte im griechischen Text genau an (das geht nicht ohne Fachbücher), entdeckt man noch mehr Verwunderliches. In diesen zwölf Versen tauchen Vokabeln auf, die im Matthäusevangelium nur hier stehen, ja, die im ganzen Neuen Testament nur hier gebraucht werden! So etwa *ho astēr* im Singular, *pynthánomai, akribóō*. Und: *en tē anatolē* (Singular mit Artikel) wird im ganzen Neuen Testament nur hier verwendet.

Zu diesem letzten Begriff sei gleich Folgendes angefügt: Man findet immer wieder offizielle Übersetzungen, die diese Wendung wiedergeben mit „im Morgenland" (wir haben seinen Stern „im Morgenland" oder „im Osten" gesehen, 2,2). Das ist falsch übersetzt. Einen Vers davor (2,1) schreibt Matthäus *apò anatolōn* (dasselbe Wort, aber im Plural ohne Artikel), das heißt „aus dem Osten". Doch hier in 2,2 schreibt er das Wort im Singular und mit Artikel – und das heißt „im Aufgang". Damit aber wurde der astronomische Aufgang eines Sternes am Morgen- oder am dunkler werdenden Abendhimmel bezeichnet. Es ist ein astronomischer Fachbegriff! Das erlaubt uns die aufregende Frage, ob Matthäus etwa noch weitere astronomische Fachbegriffe in diesen 12 Versen verwandt hat. Er hat!

Das Wörtchen „und siehe" (das er allerdings selber gern gebraucht) kommt in belehrenden astronomischen Texten aus Babylon in seiner dortigen akkadischen Form „*tammar/*siehe" häufig vor. Auf die merkwürdige grammatische Form *toù phainoménou astéros*, die mit „des erschienenen und immer noch scheinenden" Sternes übersetzt werden muss, haben wir schon hingewiesen. Dahinter könnte zudem eine Bedeutung für Jupiter verborgen sein (*phaéthōn*). Dieses Wort wäre aber im Neuen Testament gänzlich unbekannt gewesen, so hat Matthäus es womöglich durch das geläufigere *phaínomai* ersetzt.

Die Wendung „*en tē anatolē/*in dem Aufgang" haben wir schon erklärt.

Da ist noch ein weiteres Wort, das einen astronomischen Vorgang wiedergeben soll, das Wörtchen „im Gehen" (stehen blieb), im Griechischen: *elthōn* (*estáthē*). Damit soll das scheinbare Stehenbleiben des Sterns auf seiner Kreisbahn ausgesagt werden. Wir müssen bei all diesen Begriffen ja berücksichtigen, dass Matthäus für die Allgemeinheit schrieb und also keine Fachterminologie verwenden wollte, soweit es die im jüdischen Griechisch für die erwähnten Phänomene schon gab. Die griechische Form *elthōn* müsste genau übersetzt werden mit „nachdem er gekommen war", „gegangen seiend", „angekommen". Das nächste Wort *estáthē* müsste übersetzt werden mit „hingestellt wurde". Die ganze Passage lautet dann so: „bis er im Gehen/angekommen /nachdem er angekommen war, hingestellt wurde" (oben über der Stelle wo ...). Man spürt noch, wie der Evangelist einen relativ komplizierten und unbekannten Vorgang am Sternenhimmel (den nicht einmal heute alle Fachexegeten kennen) durch ganz gewöhnliche und bekannte Worte wiederzugeben versucht.

Schließlich noch *epánō hoū*, „oben darüber wo" (das Kind war). Wir werden noch aufzeigen, dass sich hinter dieser merkwürdigen Formulierung, die ein „Hinzeigen" auf einen deutlich bestimmten Punkt zu beinhalten scheint, ein letztes astronomisches Phänomen verbirgt.

Insgesamt kommen wir dann auf tatsächlich sechs astronomische Begriffe (führte sie weiter, im Morgen-/Abendaufgang, des erschienenen und immer noch scheinenden Sternes, siehe, im Gehen angekommen, hingestellt wurde oben darüber wo) bzw. auf Worte, die astronomische Phänomene wiedergeben wollen.

Natürlich erhebt sich sofort die Frage: Woher hat Matthäus dieses astronomische Wissen? Woher diese augenscheinlichen Fachbegriffe, die nicht aus Israel kommen können, da es dort wissenschaftliche Astronomie nicht gab? Namhafte Exegeten, die die soeben erläuterten astronomischen Zusammenhänge nicht kennen, haben in ihren Studien festgestellt, dass die 12 Verse ein eigenes, in sich geschlossenes Ganze darstellen. Wunderbar! Zusammen mit unserer Entdeckung der sechs astronomischen Fachbegriffe liegt der Verdacht auf der Hand, dass die Magoigeschichte gar nicht von Matthäus stammt! Das ist nicht sein Stil, nicht sein Wissen. Der Verdacht folglich, dass diese 12 Verse dem Evangelisten von jemand anderem als ganzes und festes Stück übergeben worden sind. Von den Magoi selbst? Matthäus hat sie dann nur geschickt in seine Josefsgeschichte eingebaut. Belassen wir es vorerst bei diesem Verdacht.

Traum und Prophetie – Wie Gott führt

Zu klären bliebe allerdings, warum der Begriff „Traum" nicht nur in der Josefsgeschichte, sondern auch in der von den Magoi auftaucht. Ebenso müsste der Unterschied im Gebrauch der Worte von „Prophetie" geklärt werden.

Zunächst ein paar Worte zu „Traum". In der Josefsgeschichte ist es der „Engel des Herrn", der Josef durch einen „Traum" führt. In der Magoigeschichte tritt kein Engel auf, es erfolgt eine „Weisung" nur durch Traum. Für den Begriff „Weisung" verwendet Matthäus das Wort *chrēmatízo*. Es taucht in seinem Evangelium nur hier im Kapitel zwei auf. Es bedeutet: Amtsgeschäfte betreiben, verhandeln, den göttlichen Willen kundtun, weissagen, offenbaren, einen göttlichen Befehl erhalten. Mir will scheinen, dass dieser Begriff unter Nichtjuden das bzw. denjenigen ersetzen soll, der bei dem erwählten Volk Gottes der „Engel des Herrn" ist. *Chrēmatízo* steht für die „heidnische" Weise des sich offenbarenden Gottes! Natürlich auch im Traum, aber ohne Engel. Nicht also nur Josef, der aus dem Hause David stammte, wird von Gott geführt, sondern auch Fremde aus fernen Ländern werden göttlich geführt. Gott führt alle, die einen durch den „Engel des Herrn", der im Traum erscheint und ansagt oder befiehlt, die anderen nur durch eine „Weisung im Traum". Aber er offenbart sich allen, wie Er will. Und seine Offenbarung findet ihren Zugang zu jedem.

Kommen wir abschließend zum Prophetenwort in der Magoigeschichte: Kann der Satz als Erfüllungsprophetie gelten, wie sie Matthäus in der Josefsgeschichte gleich viermal einbaut? Es ist leicht zu erkennen, dass in der Magoigeschichte nichts als „erfüllt" ausgesagt wird. Das Zitat aus Micha 5,1

(„Du, Bethlehem, im Lande Juda, bist keineswegs die kleinste unter den Fürstenstädten Judas, denn aus dir wird einer hervorgehen ...") ist eine Antwort der Schriftgelehrten auf eine Frage des Herodes, keine Feststellung des Evangelisten für seine Leser. Das aber ist das Kennzeichen einer Erfüllungsprophetie. Folgerichtig fehlt auch das übliche Erfüllungszitat, das der Evangelist sonst dem Leser gibt: „Dies ist geschehen, damit sich erfülle ..." Die Schriftgelehrten und Hohepriester – sie werden Jesus später zum Tod verurteilen – wissen nichts von Erfüllung. Ihre sachlich korrekte Antwort an Herodes dient einzig dazu, die Handlung voranzutreiben. Es handelt sich hier also nicht um ein Erfüllungszitat.

Es war wirklich so!

Mit all diesen Kenntnissen haben wir jetzt einen gehörigen Wissensstand gesammelt. Die 12 Verse, in denen der Stern und die Magoi die Hauptrolle spielen, erweisen sich mit guten Gründen als ein eigenes, zusammenhängendes Ganze. Sie überraschen zudem durch auffallende astronomische Fachbegriffe, die hinter geläufigen Worten zu entdecken sind. Alle Versuche, diese Verse irgendwie anders zu erklären, sind in sich zusammengefallen. Die heute noch vorherrschende Deutung, es handle sich bei der Geschichte von den Magoi und dem Stern um eine Glaubenslegende und habe nichts mit historischen Tatsachen zu tun, ist immer unwahrscheinlicher geworden, je mehr wir sie sachlich und kritisch prüften.

Auf dieser soliden Grundlage dürfen wir nun vernünftige und historische Fragen stellen: Wer waren die Magoi? Woher kamen sie? Welcher Stern war das? Warum kamen die Magoi nach Jerusalem? Wen suchten sie dort? Beginnen wir mit der Frage nach den „Heiligen Drei Königen", von denen wir inzwischen wissen, dass Matthäus sie Magoi nennt, ohne „heilig" und ohne „drei".

Wer waren die Magoi?

Der Begriff „Magoi" bedeutet in unserem Zusammenhang nicht Zauberer oder Wanderastrologen – das haben wir ausschließen können –, sondern „Sterndeuter". Es sind also Männer der Wissenschaft, wie sie damals ausgeübt wurde. Sehr oft waren sie zugleich Priester und arbeiteten am Tempel ihres Gottes. Es wäre deshalb nicht richtig, wollte man sie als „Heiden" kennzeichnen, womöglich noch als Atheisten. (Nebenbei: Es ist schwieriger, wirklich Atheist als guter Gläubiger zu sein!) Sie waren auf ihre Weise gläubig und gottesfürchtig.

Aber zu ihrer Zeit war etwas möglich, was in heutiger Zeit und Wissenschaft eher selten anzutreffen ist: Wissenschaft und Glauben waren aufs Engste miteinander verbunden. Was in der Neuzeit als Naturgesetze entdeckt wurde, in denen dann Gott nicht am Werke sei, war damals noch nicht bekannt. An ihrer Stelle waren es Gott oder Götter, Engel oder Dämonen, die alles wirkten und die sich in vielen Dingen mitteilten und offenbarten. So offenbarte Gott sich u. a. in Träumen oder in Sternen. Anders gesagt: Gewisse Vorgänge auf der Erde waren in den Sternen bereits vorgebildet. Wenn man diese Botschaft der Sterne verstand – dazu brauchte man allerdings hohes Wissen –, wusste man, was hier oder dort passieren würde. Übrigens: Das Deuten der „Zeichen der Zeit", ob in Politik oder Wirtschaft, bei Wetter oder Wahlen, hat bis heute nichts an Interesse und Wichtigkeit verloren. Wir arbeiten nur etwas anders.

Auch wenn die Weltanschauung der Magoi manchen nach Astrologie klingen mag, so hat sie doch mehr Unterschiede als Ähnlichkeiten mit dieser. (Von deren vulgärer Variante

ganz abgesehen.) Für ihre Wissenschaft brauchten sie nämlich solide mathematische Kenntnisse und ein hohes Maß an
Beobachtungsgabe samt den dazugehörigen Gelehrten und
Archiven, Geräten und günstiger Lage. Nur jahrzehntelange
sorgfältige Beobachtung und Buchführung garantierten ein
sicheres Wissen um den Lauf der Sterne und ihre Botschaft.
All dies war erst möglich, wo politische Stabilität und wirt-
schaftlicher Wohlstand eine ruhige Zeit des Forschens er-
möglichten. Also nur in mächtigen, epochalen Reichen. Dabei spielten die Mäzene, die Geldgeber, nicht die letzte Rolle;
das waren meist die Könige, in deren Dienst die Sterndeuter
standen – was ihren Beruf nicht immer frei von Einflüssen
gestaltete. Ihrem König machten sie als Erstem Mitteilung
über den erkannten Lauf der Dinge. Andrerseits kann man
davon ausgehen, dass auch in diesem Bereich Scharlatane
mitmischen wollten, denen es um ihren eigenen Vorteil ging,
nicht um die Sache des Königs, der Wissenschaft und Gottes!

Woher kamen die Magoi, die dem Herodes ihr Wissen mitteilten?

Matthäus sagt zu Beginn des Kapitels 2, dass Sterndeuter „aus dem Osten" kamen (*apo anatolōn*). Dieser Hinweis führt uns in das Zweistromland, 1000 km östlich von Israel, dem Land der Hochkulturen der Meder, Perser und Seleukiden. Zur Zeit Jesu war der Einfluss der dritten Epoche, der Seleukiden (ab 305 v. Chr.), im Abklingen, aber die alte Stadt Babylon gab es noch. (Sie blieb bis zum Hochmittelalter der geistig-kulturelle Schwerpunkt des Gesamtjudentums.) In ihr und um sie herum lebten und arbeiteten sogar auch Juden, die nach dem Ende ihrer Deportation (um 530) dort fest gesiedelt hatten, wie wir aus überlieferten Urkunden wissen. Aber vor allem lebten dort, in Babylon und dem Planetarium in Sippar, Sterndeuter.

Andere Länder im Osten mit nennenswerter Astronomie zu dieser Zeit sind nicht bekannt. Hätte es dort Sternwarten gegeben, wären sie bei der Bedeutung dieser Wissenschaft, bei ihrem notwendigen zeitlichen Forschungsraum, dem personellen Umfang, dem Aufwand an speziellen Geräten usw. bekannt geworden. Deshalb dürfen wir sagen: Es gab sie nicht.

Die Wissenschaft von den Sternen galt als geheiligte und geheim gehaltene Kunst, sie wurde von der Priesterschaft an wenigen altberühmten Göttertempeln gepflegt und archiviert. „Magoi" war der Amtstitel für die im Dienst der Religion und des Staates stehenden Sternbeobachter. Ihre Aufzeichnungen beginnen stets mit der Formel: Auf Befehl meines Herrn und meiner Herrin, eine (Voraus-)Bestimmung. Sippar, damals 90 km nördlich von Babylon (außer-

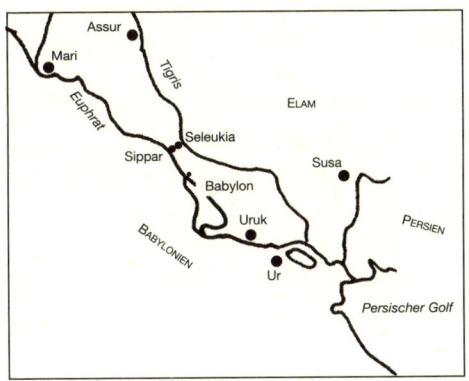

Abb. 5: Das Zweistromland mit Babylon und Sippar

halb des Dunstes über der Riesenstadt) zwischen Euphrat und Tigris gelegen, ist eine altbabylonische Stadt, berühmt durch Hammurapi (vor 1700 v. Chr.), der dort seine 250 Gesetze in Keilschrift aufgestellt hatte.

Am berühmten Sonnentempel von Sippar lebte um 320 v. Chr. der babylonische Astronom Kidinnu. Ihm verdanken wir unsere Stundenzählung inklusive Minuten und Sekunden. Die Astronomie der Schulen in Babylon und der Sternwarte in Sippar, die bis ins erste nachchristliche Jahrhundert andauerte, war erstaunlich weit entwickelt. Sie hatten die durchschnittliche Länge eines Kalenderjahres bereits mit 365,2468 Tagen errechnet – erst das Gregorianische Jahr (1582) war noch präziser. Ein genauer Kalender, exakte Winkel- und Gradmessung durch komplizierte Gerätschaften, genau gehenden Uhren, Aufschreiben der Messdaten und der Perioden der Sterne sind unverzichtbarer Bestandteil der Sternforschung. Dass uns die unschätzbar wertvollen Beobachtungen der damaligen Sterndeuter erhalten geblieben sind, verdanken wir dem Umstand, dass sie ihre jahrhundertelangen Berechnungen in Keilschrift notiert und in Tontäfelchen eingraviert haben – für Archive das dauerhafteste Material.

Anfang des 20. Jahrhunderts wurde im Sand von Sippar ein solches Tontäfelchen gefunden, mit Keilschriftzeichen in Kürzeln. Der Gelehrte brauchte sieben Tage, um sie zu entziffern. Dann war die Überraschung perfekt: Auf ihr waren alle wichtigen astronomischen Ereignisse des Jahres 7 v. Chr. vornotiert. Eines davon hatte den Charakter einer wissenschaftlichen Sensation: die Vorausberechnung der großen Konjunktion (Zusammentreffen) von Jupiter und Saturn im Zeichen der Fische.

„... Jupiter steht im Ende der Fische (zum ersten Mal) still. Am 28. Altlicht. Am 29. steht Saturn im Ende der Fische ... Am 15. September Jupiter steht gegen Sonnenuntergang zum letzten Male da ...“

Abb. 6: Eine der berühmten Keilschrifttafeln aus Sippar

Und nun bedenke man: Nach 2000 Jahren wird mitten im Sand von Mesopotamien aus zigtausenden von Tontäfelchen dies eine gefunden, ausreichend erhalten und entzifferbar, das gerade das Ereignis der Weihnacht, den Bericht des Matthäus, dokumentiert! Wenn Exegeten jenen Stern, der vorangehen und über einem Haus stehen bleiben und große Freude auslösen soll, als legendär einstufen, weil so etwas ihrer Meinung nach nicht vorkommen kann, wie stufen sie dann den Fund gerade dieser Tontafel in der Wüste ein? Die Tafel(n) aber gibt es; man kann sie in Museen von London und Berlin bestaunen.

Sprechen die Tafeln vom Stern von Bethlehem?

Es ist erwiesen, dass die Daten dieser Tafeln sich mit denen anderer Tafeln ergänzen und gegenseitig bestätigen. Mit heutigen astronomischen Rechnungen können wir zudem feststellen, dass die Berechnungen der Magoi von Sippar stimmen. Wir sind sogar in der Lage, Stücke, die uns fehlen, zu berechnen und somit insgesamt zu rekonstruieren, wie ihre langen Tabellen gelautet haben müssen. Wollen wir aber wissen, ob die astronomischen Daten auf den Tafeln und der Bericht des Evangelisten Mt 2,1–12 zusammengehören, müssen wir etwas von den Planeten kennen, insbesondere von Jupiter, wie er in Sippar verstanden wurde. Und wir müssen die Geografie zwischen Jerusalem und Bethlehem kennen. Und den Herodes und seine Verfassung in den Jahren vor seinem Tod. Denn er lebte ja noch, als die Magoi nach Jerusalem kamen; er starb Anfang April 4 v. Chr.
Der Gott von Babylon war Marduk, sein Stern war Jupiter. Ihm galten die meisten und sorgfältigsten Berechnungen der Magoi von Babylon/Sippar. In der Rangordnung der Planeten wurde er an erster Stelle genannt. Im Altertum allgemein galt Jupiter als der Stern des Weltenherrschers. Er war der Königsstern. Das bestätigt ein Denkmal, das man im Jahre 7 v. Chr. (dem Geburtsjahr Jesu) auf der Nilinsel Philä zu Ehren des Kaisers Augustus errichtet hat. Auf dem Denkmal wird der Kaiser mit dem Namen Jupiters bezeichnet. Nach dem bedeutendsten Astronomen der Antike, Claudius Ptolemäus (100 – 178), war Jupiters Wirkung am machtvollsten, wenn er sich im Zeichen der Fische, seinem „Haus", befand. Das Tierkreiszeichen der Fische erstreckte sich nach babylo-

nischer Sterndeutung auf den fruchtbaren Länderbogen vom Nil bis zum Tigris, im mittleren Teil wurde es auf Syrien und Palästina bezogen.

Auf einer Keilschrifttafel fand man den Text: Wenn das und das geschieht, „wird ein großer König im Westen aufstehen, dann wird Gerechtigkeit, Friede und Freude in allen Landen herrschen und alle Völker beglücken". Damit scheint kaum Rom gemeint zu sein, denn die Magoi von Sippar haben sich mit besonderer Vorliebe dem Land „amurru" (Westland, Israel) zugewandt. Der Grund dafür dürfte darin liegen, dass in Sippar eine ansehnliche jüdische Gemeinde wohnte.

Die Vorausberechnungen der Sterndeuter für die Jupitererscheinungen erstreckten sich über mehrere Jahrzehnte, als wären sie eine Art „Zukunftsforschung". Auch dafür wurden Tafeln im Sand von Sippar gefunden. Für das Jahr 7 v. Chr. war berechnet, dass Jupiter ein Maximum an Helligkeit erreichte (infolge seiner Sonnennähe) und in höchstmöglichem Glanz erstrahlte. In ihren Archiven lagerten, das ergibt sich aus anderen Funden und aus den Arbeitsprinzipien der Magoi, die Daten von mindestens anderthalb Jahrhunderten. Sie wussten um den Frühaufgang des Jupiter, entsprechend babylonischer Planetentheorie, am 15. März 7 v. Chr. (Ich gebrauche hier unseren Kalender; die Magoi rechneten nach dem Kalender der Seleukidenära, abgekürzt SE). Auch den Aufgang und die jeweiligen Stillstände des Saturn (und weiterer Planeten) hatten sie berechnet, das können wir aus der Kombination und Ergänzung mehrerer rekonstruierter Tontäfelchen ersehen.

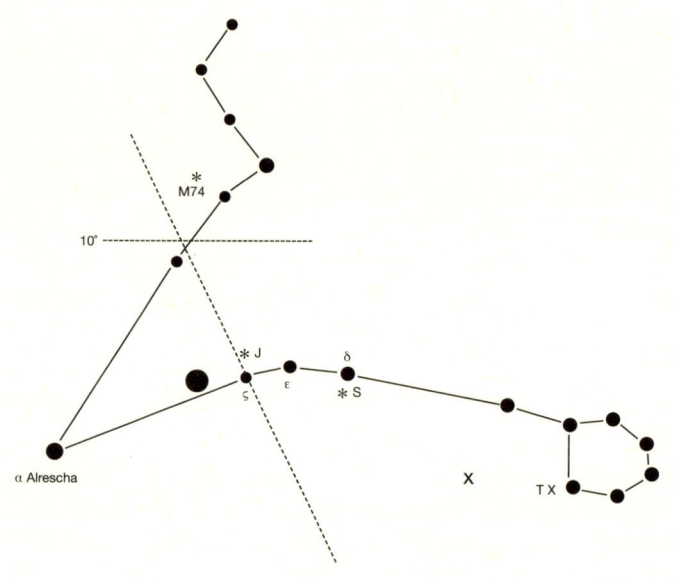

Abb. 7: Das Sternbild „Fische". Die gestrichelte Linie zeigt die Ekliptik zu einem bestimmten Zeitpunkt. Alrescha („Strick") ist 130 Lj entfernt. M74 ist eine Spiralgalaxie, TX ein „Roter Riese". J und S markieren die Position von Jupiter und Saturn um Mitternacht am 20. Juli 7 v. Chr. beim östlichen Stillstand. X wird der Ort des westlichen Stillstandes 4 Monate später sein, dann unterhalb von ς, ε und δ.

Kommt für Bethlehem ein Doppelstern in Betracht?

Das Besondere jenes Jahres war einmal, dass sich Jupiter und Saturn immer mehr annäherten. Der wichtige Abendaufgang für Jupiter und Saturn ist von den Magoi für den 15. September 7 v. Chr. berechnet worden; dazu kannten sie auch die Längengrade der Planeten. Jupiter, der Königsstern, trat in größter Glanzentfaltung an die Seite Saturns, des kosmischen Repräsentanten des Volkes der Juden. Gemeinsam zogen sie vom Aufgang bis zum Untergang sichtbar in majestätischem Bogen über den Nachthimmel. Eine weitere Besonderheit bestand darin, dass beide Planeten zeitgleich mathematisch „stehen" bleiben würden (der scheinbare Stillstand vor den Fixsternen), und dies in größtmöglicher Nähe zueinander.

Sie würden aber nie zu einem Doppelstern „verschmelzen", was immer wieder als Argument für den Stern von Bethlehem oder gegen ihn vorgebracht wird. Sie verweilten in deutlichem Abstand (1°) voneinander; doch vor der Weite des Nachthimmels standen sie als zwei Sterne auffallend nahe beieinander – wenn man sie als eben diese Sterne überhaupt entdeckte und sah! Denn der Himmel jener südlichen Breiten zeigt sich in klaren Nächten so übersät mit Sternen, dass man meint, man habe den Himmel noch nie gesehen. In deren Fülle fallen hellleuchtende weniger auf als bei uns, wo Dunst und Streulicht die weniger hellen gleich unterdrücken und nur die hellsten übrig lassen. Der führende Stern unter den beiden war Jupiter, der Königsstern; er machte die Aussage: Großer König! „Wir haben ‚seinen' Stern im Aufgang gesehen ..." Saturn sagte, wo es diesen König gab.

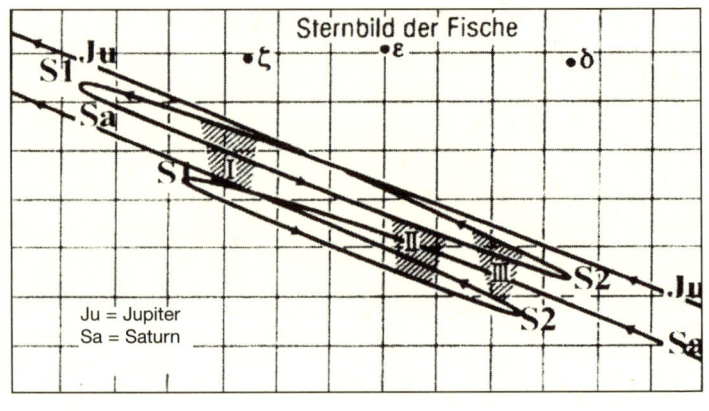

Abb. 8: Die große Konjunktion von Jupiter und Saturn im Sternbild Fische im Jahre 7 v. Chr. Beide Sterne kommen von rechts, in schraffiert **I** erste Nähe beider Sterne 29. 5. bis 8. 6. In **S1** östlicher „Stillstand". In schraffiert **II** zweite Nähe. In **S2** westlicher Stillstand (12.–14. Nov.). In schraffiert **III** dritte Nähe zueinander. Jupiter läuft dabei schneller als Saturn. Ein Karoquadrat entspricht etwa 1 Grad. Der tatsächliche Stillstand Saturns erfolgte tatsächlich früher als nach babylonischer Berechnung. Jupiter erstrahlt 15-mal heller als Saturn.

Die dritte Besonderheit dieses Jahres aber bestand darin, dass das dreimalige Zusammentreffen Jupiters mit Saturn – plus dem zweimaligen scheinbaren Stillstand der beiden (vor dem Hintergrund der Fixsterne) und sehr nahe beieinander und auf fast gleicher Länge – im selben Sternbild Fische geschah. Aus ihren Tafeln und Periodenberechnungen wussten sie, dass diese Begegnung im Sternbild Fische, dem Haus des Jupiter, nur alle 854 Jahre vorkam. Es war also ein Jahrtausendereignis, das sich vor ihren Augen ereignete. Mit anderen Worten: Ihm kam höchste Bedeutung zu.

Zwei Erklärungen zu astronomischen Beobachtungen

Wir haben gerade gesagt, dass Jupiter und Saturn „sehr nahe" beieinander standen, und haben diese Nähe mit 1° angegeben. Wer sich in der Gradmessung am Himmel auskennt, wird nun lächeln und einwenden: 1°, das sind ja zwei Monddurchmesser! Also standen sie doch nicht nahe beieinander, wie das auf allen Sternkarten, die den Stern von Bethlehem beweisen wollen, dargestellt ist. So nah nämlich, als würden sie sich berühren! An diesem Einwand ist eines richtig, ein anderes erklärungsbedüftig. Richtig ist, dass der Monddurchmesser 0,5° beträgt, dass 1° also zwei Monddurchmesser ausmacht. Das „scheint" viel zu sein. Schaut man jedoch am nächtlichen Himmel auf zwei hellleuchtende Sterne, die zwei Monddurchmesser voneinander entfernt sind (Zeigefinger eines Erwachsenen bei gestrecktem Arm), so scheinen sie für uns sehr nahe beieinander zu stehen. Der Grund dafür liegt in der Weite des nächtlichen Himmels, von Ost nach West, von Nord nach Süd. Vor dieser Weite erscheinen zwei Monddurchmesser oder 1° sehr nahe beieinander zu sein. Und so nahe kamen sich Jupiter und Saturn eben nur selten.

Wir können das hier Gesagte noch besser veranschaulichen: Malen wir den ganzen Sternenhimmel auf eine DIN-A-4 Seite; von links nach rechts hat sie eine innere Breite von angenommenen 18 cm. Diese 18 cm sollen den ganzen Sternenhimmel von Ost nach West darstellen, also 180°. Will man auf dieser Seite den Vollmond malen (0,5° Durchmesser), wäre er nicht breiter als ein halber Millimeter! Und der Abstand von Jupiter und Saturn (1°) wäre eben 1 mm. Ähn-

liches gilt für den Computerbildschirm: Wollte man auf ihm
die Sterne des Himmels maßstabsgetreu darstellen, würde
man die klitzekleinen Pixelpunkte nicht mehr entdecken.
Deshalb werden die Sterne auf solchen Karten 100-mal größer gezeichnet, sonst würden man sie nicht sehen. (Ähnli-
ches gilt für die Größe der gezeichneten Autobahnen auf
Straßenkarten: Bei genauer Übertragung in die Realität wären sie dort 900 m breit oder maßstabsgetreu auf der Karte
gezeichnet kaum mehr zu sehen.) Deshalb erscheinen Jupiter und Saturn auf manchen Karten so nahe beieinander, als
würden sie sich berühren.

Ein zweites Problem ergibt sich aus der astronomischen Be-
hauptung, die wir schon mehrfach wiederholt haben, Jupiter
und Saturn würden scheinbar stillstehen und sich danach
rückwärts bewegen, zurück auf der Bahn, auf der sie gekommen sind. Lädt sich nun jemand eine Software des Sternenhimmels auf seinen PC, stellt diesen genau ein auf 7 v. Chr.,
Ort Jerusalem, Blickrichtung Süden, 16.00 Uhr Ortszeit –
dann sieht er tatsächlich bzw. natürlich halb links, halb oben
die beiden Planeten Jupiter und Saturn. Geht er weiter auf
17.00 Uhr, sieht er, wie die beiden Sterne sich leicht nach
rechts, nach Westen, weiterbewegt haben. Das Gleiche passiert für 18.00, für 19.00, für 20.00 Uhr. Nun wartet unser
Hobbyastronom auf das angesagte „Stillstehen" der beiden
Sterne – und sieht es nicht! Jede Stunde wandern die Sterne
brav weiter, bis sie nach Mitternacht hinter dem Horizont
verschwinden. Er ist verwirrt: Wo ist der angesagte westliche Stillstand?

Die Antwort ist einfach (die Astronomie beginnt an dieser
Stelle ein klein bisschen schwierig zu werden). Die Compu-
tersoftware zeigt, was ein Beobachter in Jerusalem zu dieser
Stunde in Blickrichtung Süden tatsächlich sehen würde, wie
die Sterne weiterwandern und schließlich hinter dem Hori-

zont verschwinden. Das Weiterwandern, Verweilen vor dem Fixsternhimmel (speziell dem „Pegasus-Quadrat" und den mit ς ε und δ bezeichneten Sternen der „Fische") und Verschwinden aber ergibt sich zum großen Teil aus der Eigendrehung der Erde plus ihrer eigenen Bahn um die Sonne! Diese Eigendrehung der Erde aber „unterschlagen" Fachastronomen, weil sie für ihre Arbeit der Beobachtung der Sterne unseres Sonnensystems oder unserer Galaxie nur störend wirken würde. Sie vernachlässigen die Eigendrehung der Erde und nehmen diese wie einen festen, in sich ruhenden Punkt, von dem aus sie die Sterne beobachten. Die Bahn der Erde um die Sonne könnte man mathematisch ebenfalls herausrechnen, wenn nötig. Mit diesem Punkt Erde ohne Eigendrehung sehen sie den „Stillstand", relativ zum Fixsternhimmel dahinter. Doch nur den scheinbaren – denn die Planeten Jupiter und Saturn laufen ja mit derselben Geschwindigkeit ihre Bahn um die Sonne weiter.

Was aber mussten dann die Magoi tun bzw. seit Jahrhunderten getan haben, um diesen Stillstand zu erkennen und zu berechnen, wie sie ihn auf ihren Täfelchen notiert haben, die wir heute in die Hand nehmen können? Auch sie sahen den Stillstand ja nicht direkt. Sie mussten ihre Geräte in jeder Nacht, in der die Sterne über den nächtlichen Himmel zogen, am gleichen Ort zur gleichen Zeit auf den gleichen Himmelspunkt, orientiert an den Fixsternen, richten, dann erst konnten sie die Änderung in der Bahn der Gestirne messen, relativ zum unbeweglichen Fixsternhimmel – und den Stillstand und Rücklauf der Planeten erkennen.

Herodes sah und sah doch nicht!

Wie gesagt, das ist ein klein wenig schwierig, aber nur ein klein wenig. Und jeder richtige Astronom schmunzelt bestenfalls. Für ihn war das immer klar. Anhand dieser Erläuterungen werden nun aber auch zwei weitere Aussagen verständlich, die wir schon geäußert haben:

Erst in großen und stabilen Reichen war solche langwierige Himmelsbeobachtung möglich, und nur bei ausreichender Kenntnis vieler Gelehrter und dem erfahrenen Umgang mit vermutlich zahlreichen komplizierten Gerätschaften. In Israel gab es dies alles nicht. Zur Zeit Jesu war nur (noch) die Sternwarte von Sippar im Zweistromland für solch komplexe Beobachtungen in der Lage. Und wenn wir zweitens schon festgestellt hatten, dass Herodes anscheinend den Stern sowohl schon gesehen und zugleich doch nicht gesehen hatte, so wird auch dies merkwürdige Phänomen jetzt klar: Ganz gewiss hatten er und seine Ratgeber den sehr hellen Jupiter schon gesehen (falls es keine Wolken gab), vielleicht auch den schwächer leuchtenden Saturn. Die beiden waren für sie aber nichts weiter als normale helle Sterne. Ob sie jedoch auch das Sternbild der Fische entdeckt hatten? Und die besondere „Bewegung" der beiden Planeten? Ihren scheinbaren Stillstand? Das alles müssen und können wir ausschließen, da diese Beobachtung komplizierte Gerätschaften erfordert hätte und nicht ohne monatelange Beobachtungen, nicht ohne die jahrhundertelangen Traditionen dieser Wissenschaft möglich war. Auch heutige Fachgelehrte der Bibel beweisen durch ihre Einwände, dass sie davon wenig Ahnung haben.

Herodes und seine Ratgeber sahen also in der Fülle ihres

Sternenhimmels die beiden Sterne, die dort nicht so auffielen wie bei uns – und zugleich sahen sie sie doch nicht! Das ist typisch für uns Menschen: Immer wieder sehen wir etwas – und sehen und begreifen doch nicht seine Bedeutung, die wahre Botschaft, die die Dinge uns sagen. Herodes und seine Leute hätten nämlich den „Code" der Sterne kennen müssen, der sich nur aus dem Zusammenspiel aller Komponenten ergab sowie aus jahrelanger Beobachtung und mathematischem Wissen. Nur dann hätten sie verstanden, dass der Himmel ihnen ein Jahrtausendereignis ansagte.

Wie lautete die Botschaft der Sterne für die Magoi von Sippar?

Wenn diesem „Code" der Sterne, dieser ihrer so seltenen Konstellation nach achthundertfünfzig Jahren höchste Bedeutung zukam, wie lautete für die Magoi von Babylon/ Sippar, entsprechend ihren damaligen Überzeugungen, die Botschaft der Sterne? Jupiter war der Stern des Weltenherrschers und der höchsten babylonischen Gottheit, er war der „Königsstern" schlechthin. Saturn aber galt als der Repräsentant der Juden. Dafür gibt es Texte im Alten Testament; so wetterte z. B. der Prophet Amos gegen sein Volk, dass es „Kewan, euren Sterngott, eure Götter, die ihr euch selber gemacht habt" (Am 5,21ff.) mehr verehre als den Gott Israels. Kewan aber war der babylonisch-akkadische Name für den Planeten Saturn. Inwieweit das Sternbild der Fische nur das „Westland" oder speziell auch Israel meinte, kann hier ohne Bedeutung bleiben (die historischen Belege dafür scheinen nicht eindeutig genug), durch Saturn gab es bereits den ausreichenden Hinweis auf Israel. Das Sternbild der Fische dagegen schuf die Einmaligkeit, die Besonderheit, das Ungeheuerliche.

Wie also lautete dann die Botschaft der Sternenkonstellation nach damaligem Denken? Sie war klar: Es wird ein großer König geboren (Jupiter, in hellst möglichem Glanz: wir haben „seinen" Stern im Aufgang gesehen), bei den Juden (Saturn mit Jupiter, zweimal stillstehend und dreimal in nächster Nähe aneinander vorbeiziehend), und es muss ein außerordentliches Ereignis sein (die zwei Planeten im Sternbild Fische mit solchem Stillstand und derartiger Nähe nur alle 854 Jahre).

Auf der eingangs erwähnten, im Sand von Sippar gefunde-
nen Keilschrifttafel ist auch das Datum des westlichen Stillstandes von Jupiter, nahe bei Saturn und (fast) zeitgleich mit
diesem, eingetragen. Er würde am 13. November 7 v. Chr.
eintreten. Nun ist Folgendes festzuhalten: Diesen westlichen
Stillstand, wie schon den Früh- und Abendaufgang der beiden Sterne, konnten die Magoi auch von ihrer Sternwarte in
Sippar aus beobachten. Nur um die seltene Konjunktion plus
Stillstand zu sehen, mussten sie nicht extra nach Jerusalem
reisen. Somit ist etwas zu klären.

Warum reisten die Magoi nach Jerusalem?

Zur Beantwortung der Frage müssen wir zwei Tatsachen, die historisch feststehen, in unsere Überlegungen und geschichtlichen Rekonstruktionen hineinnehmen: Es gehörte erstens zu den hohen Standespflichten der Magoi, dass sie eine Botschaft der Sterne, vor allem eine derart einzigartige, zuerst dem König meldeten. In Babylon gab es keinen König mehr. Außerdem betraf die Botschaft der Sterne den König in Israel. Dort aber gab es keine Sternwarte und keine Schule von Astronomen. Niemand dort konnte dem König diese wunderbare Botschaft mitteilen. Also war es ihre Pflicht, dem König der Juden ehrerbietungsvoll mitzuteilen, was die Sterne für ihn offenbart hatten.

Ein Zweites: In Sippar lebten Juden. Es legt sich fast zwingend nahe, dass die Sterndeuter ihre Erkenntnis aus den Sternen den in Sippar und Babylon lebenden Juden mitgeteilt haben. Die Botschaft der Sterne betraf ja deren Volk. Für diese Juden gab es dann ebenfalls einen Grund, eine Wallfahrt in ihre Heimat zu unternehmen, um dem neuen König zu huldigen. Aus Kontakten zu Israel, die historisch belegt sind, wussten sie wohl, dass man dort einen großen Propheten, wenn nicht gar den Messias, erwartete. So zogen sie also los nach Jerusalem – und von ihrer Ankunft dort bei Herodes hören wir dann im Evangelium des Matthäus ... Aber hier ist noch ein Letztes zu klären.

Sind die Magoi von Sippar die Magoi des Matthäus?

Gehen wir dazu wieder vom Text des Evangelisten Matthäus aus. Seine Einleitung zur Magoigeschichte lautet folgendermaßen: „Als Jesus in den Tagen des Königs Herodes in Bethlehem in Judäa geboren worden war, siehe, da kamen Sterndeuter aus dem Osten nach Jerusalem und sagten: Wo ist der neugeborene König der Juden? Wir haben seinen Stern im (Früh-/Abend-)Aufgang gesehen ..." Wie können wir genau bestimmen, dass die Sterndeuter des Evangeliums identisch sind mit den „historischen" Magoi aus Sippar/Babylon? Könnten es nicht auch andere Sterndeuter gewesen sein? Oder könnte das Ganze zu anderer Zeit passiert sein? Erfindung oder Legende haben wir schon ausgeschlossen und sind auf echte Historie gestoßen. Wie aber beweisen wir die Identität dieser zwei „Gruppen" von Magoi?

Für die Antwort halten wir fest, was wir sicher über die Magoi von Sippar wissen und was wir sicher über die Magoi des Matthäus wissen. Für die Magoi in Sippar zeugen die Keilschrifttafeln, für die Magoi des Matthäus die präzisen Angaben der 12 griechischen Verse seiner Magoigeschichte.

Die Magoi in Sippar arbeiteten an einer traditionsreichen Sternwarte, sie besaßen Archive, sie kannten Vorausberechnungen vor allem des Jupiter, der Jupiter war der Königsstern. Sie kannten das Datum des 15. September als dem Abendaufgang der beiden Planeten, sie kannten die Berechnungen ihrer Stillstände am 13. November. Der Saturn verwies auf das Land der Juden. Ein König, ein großer Königssohn, wird in der Hauptstadt (natürlich im Königspalast) geboren; dort mussten sie nach ihm fragen, dort würden sie ihn finden. Ausgeschlossen werden kann, dass Sterndeuter von anderswoher gekommen wären; andere Sternwarten zu jener Zeit und im Osten mit ähnlich hohen astronomischen Kenntnissen gab es nicht. Ausgeschlossen werden kann, dass sie in eine andere Stadt gezogen wären, Saturn verwies sie nach Jerusalem. Ausgeschlossen werden kann, dass sie zu einer anderen Zeit (im Sinne von anderen Jahren) nach Jerusalem gezogen wären, denn die Daten der Keilschrifttafeln aus ihren Archiven gaben exakt Jahr, Monat und Tag der Stillstände an. Ausgeschlossen werden kann, dass diese Stillstände für sie uninteressant gewesen wären, ihre Notierung auf den Tafeln hob sie als einmaliges Geschehen mit göttlicher Bedeutung hervor.

Gehen wir zum Matthäustext. Die Zeitangabe verweist in den Rahmen der Jahre, da Herodes noch lebte, also vor 4 v. Chr. Jesus ist schon geboren. Die Ortsangabe Jerusalem passt korrekt in die Botschaft des Saturn. Ihre Frage nach dem neugeborenen König der Juden passt korrekt in die Botschaft des Jupiter. Die Mitteilung der Magoi an Herodes passt korrekt zu ihren Pflichten, zuerst den König zu informieren. Ihr Hinweis auf den Aufgang „seines" Sterns passt korrekt zu den Keilschrifttafeln. Das Erschrecken des Herodes und ganz Jerusalems passt korrekt in unser Wissen vom alten, misstrauischen, eifersüchtigen König. Die spätere Freude der Magoi auf dem Weg nach Bethlehem, wo sie den Stern sahen, der sie führte, passt korrekt in den astronomischen Verlauf der Sternenbahn von Jupiter und Saturn: Nur auf dem Weg von Jerusalem nach Bethlehem konnte man die „zeigende" Bewegung der Sterne sehen, und zwar korrekt nur zum Zeitpunkt des zweiten Stillstandes, am 13./14. November 7 v. Chr.

Ich meine, wir sind so weit gekommen, dass wir feststellen können: Die Daten, die wir in Sippar gefunden haben, stimmen exakt mit jenen überein, die wir im Text bei Matthäus gelesen haben. Ja mehr noch: Da wir andere Astronomen ausschließen müssen, da wir eine andere Zeit ausschließen müssen, da wir andere Orte ausschließen müssen, bleibt uns nur eine Schlussfolgerung logisch übrig:

Die Magoi, von denen Matthäus berichtet, sind die Magoi aus Sippar und Babylon!

Bevor wir sie fragen, ob wir uns ihnen auf ihrer Reise von Sippar nach Jerusalem anschließen dürfen, möchte ich ein paar Überlegungen einfügen.

Die Weisen und wir

Was wäre, wenn die Weisen nicht nur Menschen einer alten Zeit, sondern Vorbilder unseres Lebens wären? Versuchen wir, alles, was wir gefunden haben, für unser Leben zu bedenken. Wir haben bei den Magoi gesehen, dass sie Wissenschaftler waren, die sich hohe mathematische Kenntnisse angeeignet hatten. Sie beobachteten Nacht für Nacht die Sterne, sie sammelten mit Ausdauer und Anstrengung deren Daten, sie hatten als Wissenschaftler ihren Bezug zu Gott und seinen Offenbarungen, sie hatten ihr Heiligtum und ihren Kult. Und deshalb überlegten sie, was die Erkenntnisse ihrer Wissenschaft zu bedeuten hätten. Sie gaben sich nicht mit vordergründigen, beruhigenden, ichbezogenen Antworten zufrieden, sondern forschten weiter. Sie waren also kritisch, sie überprüften und unterschieden, wobei sie Traditionen und Hilfe von anderen nicht verschmähten. Und am Ende haben sie ihr Wissen in ein Tun umgesetzt, in einen Weg, der sie zur Huldigung des Unbekannten führen sollte. Sie haben ihren Ort, das so berühmte Babylon verlassen und sind in ein fremdes Land gewandert – wie tausendsiebenhundert Jahre vor ihnen Abraham: Zieh in das Land, das ich dir zeigen werde!

Mit diesem ihren Verhalten symbolisieren die Magoi von Sippar auch unser Leben, das Leben jedes Menschen. Auch wir lernen und studieren, können und sollen Wissen erwerben, auch wir haben Ausdauer und Anstrengung nötig, Überwindung der „Schwerkraft" des faulen ICH, auch wir sollten Treue und Zuverlässigkeit lernen, weil ohne sie gewisse Dinge im Leben nicht zu erkennen und nicht zu erwerben sind. Auch wir sollten eine Liebe zu unserem Beruf entwickeln, weil ohne solche Liebe nichts gut gelingt. Und auch wir sollten die Traditionen der Alten nicht in den Sand werfen, sondern in „Archiven" studieren: Sie haben uns Weisheit aufbewahrt. Und die Gottesfrage? Wir sollten sie nicht in Dunst und Erfolgen des Alltags nebulös verschwimmen lassen, sondern im Dunkel der Nächte unseres Lebens nach ihm Ausschau halten, den Kopf zum Himmel heben und nach dem Grund und Sinn von allem forschen, zusammen mit anderen, weil niemand das alleine schafft. Und auch wir sollten lernen, die Worte Gottes, der immer ein Geheimnis ist und bleibt, zu entziffern, wie er gerade zu mir in meinem Leben sprechen will. Wir sollten unser „Heiligtum" haben, unsere „Sternwarte". Unser Leben sollte zentriert sein in einem Bezug zum „Heiligen" und in ihm das Unantastbare unseres Lebens verehren. Aber dann, dann sollte auch ICH eines Tages den Mut haben, das Ungeheuerliche der Botschaft Gottes in den Dingen zu begreifen, und mich von ihr auf den Weg ziehen lassen. Wer diesen Weg nicht wagt, wird Gott nicht finden. Wer nur in seinem „Palast" bleibt, der sieht und sieht doch nicht, der hört und hört doch nicht.

Aber Gott hat zu DIR gesprochen! Dein Leben vollendet sich nicht in Problemen und Leiden, nicht in Leistung und Erfolgen, sondern im Niederknien und Huldigen. Im Erweisen von Ehrfurcht vor dem viel Größeren. Welche Geschenke wirst Du dem geben, der größer ist als alles?

Wenn wir nun zu den Gelehrten der Sternwarte gehen und sie fragen, ob wir uns ihnen auf ihrem langen Weg anschließen dürfen, dann tun wir dies mit Respekt und mit dem Wissen um ein Geheimnis. Ein Geheimnis, das nicht abstrakt bleiben wird, sondern aus dem ein Gesicht, ein DU, aufstrahlen wird. Doch erst am Ende eines mühevollen Weges und vieler Zweifel werden wir es finden. Und ganz anders, als wir gedacht haben.

Wandern mit den Weisen nach Bethlehem

Es hat sich ergeben, dass ein Junge mitgehen durfte und diese Reise als Tagebuch aufgeschrieben hat … Folgen wir seinen Eintragungen!

Wohl noch nie hat es jemand unternommen, den möglichen Weg der Weisen von Babylon und Sippar nach Jerusalem und Bethlehem nachzuvollziehen. Das lag gewiss daran, dass noch nie in neuerer Zeit jemand auf die „verwegene" Idee gekommen ist, hinter den Magoi und dem Stern, hinter seinem Aufgang und Stehenbleiben tatsächlich etwas Reales, Historisches, Wirkliches auch nur zu vermuten. Wir haben aber nachgewiesen, dass genau dies der Fall ist, ja, dass dies sogar wahrscheinlicher ist als jede andere heute vorgetragene Hypothese. Wenn aber die Magoi aus Sippar/Babylon tatsächlich die Weisen des Matthäus sind, dann sind sie einen Weg gegangen. Notwendigerweise. Damit ist der Weg rekonstruierbar – wobei es für unser Anliegen unwichtig ist, mehrere mögliche Wegstrecken ins Auge zu fassen; wir nehmen den, der sich damals nach unserem Wissen als der nächstliegende ergab. Und beschreiben, was man dabei sehen, erleben konnte.

Und nun mische ich etwas „Legende", einen „geistlichen Midrasch", in das Büchlein. Wir nehmen an, dass da ein Junge die Ehre hatte, mitzuwandern. Und dieser Junge, intelligent wie er war, schrieb ein Tagebuch … und dieses Tagebuch wurde gefunden, mitten im Sand, extra für die Leser dieses Buches …

(Damit es nicht zu kompliziert wird, muss ich einen Kunstgriff anwenden: Ich muss im Tagebuch unseres Jungen die echte Jahreszahl weglassen! Der 22. Ululu im Jahr 305 SE (Seleukidenära) ist unser 15. September 7 vor Christus – nach dem ewigen Kalender. Weil ich diese Umrechnungen nicht stets einfügen mag, erlaube ich mir den Kunstgriff und datiere das Tagebuch nach unserer heutigen Zeitrechnung samt unseren Wochentagen, aber ohne Jahreszahl: Wir beginnen also am Dienstag dem 15. September des Jahres 7 v. Chr.)

Abb. 9: Erst als man das Kamel einsetzen konnte, das tagelang ohne Wasser auskommt, ließen sich die wasserlosen arabischen Wüsten durchqueren. Dromedar ist das einhöckrige Kamel, das in Palästina vorkommt.

1. Tag (Dienstag) 15. September. *Hatten Neumond gehabt vor einer Woche, am 9. September. Heute große Aufregung, abends das erste Erscheinen von Jupiter und Saturn im Abendaufgang. Feierlich. Unheimlich! Mir zitterten die Knie. Spät in der Nacht Feier zu Ehren Jupiters am Tempel. Viel Weihrauch. Gutes Essen.*

6. Tag (Sonntag) 20. September. *Karawane ist startbereit. Ich habe ein Dromedar. Wasser, Nahrung für einen Monat. Bis Jerusalem sind es 800 römische Meilen. Meist durch Wüste, auf alten Handelsstraßen, sagt unser Führer. Wir sind 20 Leute, darunter drei Magoi. Aber die schweigen viel. Nur Bencaspar redet, er gefällt mir, er ist noch jung. Dazu 30 Esel und Dromedare. Bin aufgeregt.*

8. Tag (Dienstag) 22. September. *Zwei Esel sind plötzlich losgerannt. Verloren wertvolle Messgeräte, auch Teppiche, Sanduhren. Mussten einen Tag Pause einlegen, alles reparieren. Wir ziehen an Kanälen des Euphrat entlang, sehen ihn im Osten. Sklaven ziehen Schiffe. Viele Leute hier. Habe ein Geschenk gebastelt, eine Wasseruhr. Ob die ihm gefällt?*

10. Tag (Donnerstag) 24. September. *Wir kommen gemütlich voran. Jeden Tag etwa 25 römische Meilen. Wenn wir am 10. November in Jerusalem sein wollen, brauchen wir 32 Tage Reisen ohne Ruhetage; habe ich selber gerechnet! Die Juden bei uns sind nett, einer macht immer Witze und tanzt gern. Der Euphrat hat viele Windungen. Wir ziehen gerade Wege vor. In sechs Tagen sollen wir in Dura-Europos ankommen, soll das Pompeji am Euphrat sein. Mal sehen.*

15. Tag (Dienstag) 29. September. *Wetter wird schlecht, nachts keine Sterne. Morgen Dura-Europos, von Seleukos* *gegründet. Europos war sein Geburtsort in Macedonien, dûr heißt Befestigung. Habe ich von Bencaspar gelernt. Führer schlägt Rast im alten Mari vor, Magoi wollen Keilschrifttafeln suchen. Haben bald 300 Meilen geschafft.*

18. Tag (Freitag) 2. Oktober. *Ich bin der Held! Habe Tontäfelchen gefunden: Junge schimpft über seine Mutter. Bencaspar hat übersetzt: „Wolle hat man bei uns verbraucht wie Brot, meine Kleider hast du immer billiger gemacht, je billiger und knapper du meine Kleider machtest, desto reicher wurdest du." Komische Familie! Hier stand Riesenpalast von Zimri-Lim, vor 1760 Jahren, sagen die Magoi. Hatte Bibliothek mit 25 000 Tafeln. Schrecklich. Sind zu Gast bei Freunden unserer Juden. Essen ist schon wieder gut. Bleiben hier fünf Tage. War Abraham hier, bevor er nach Kanaan zog? Zimri-Lim trieb Handel mit Kanaan, sagen mir die Juden. Auch mit Kreta und Zypern, sagen die Gelehrten. Bekam Zinn aus Lachisch und Hazor – wo ist das? Gelehrter sagt uns, Zimri-Lim hatte auch Traumoffenbarungen von Gott erhalten. Werde heute Nacht aufpassen!*

23. Tag (Mittwoch) 7. Oktober. *Morgen wieder Vollmond, dann kann man schlafen, weil Himmel zu hell ist für Sternbeobachtung. Sind heute früh von Dura-Europos weitergezogen. Jetzt 160 Meilen durch Wüste ohne Wasser bis Palmyra oder Tadmor, wie Beduinen sagen. Mindestens 6 Tage Wüste. Wüste ist fantastisch! Tadmor soll interessant sein. Dort kommen Handelsstraßen aus Taschkent oder China an. Irre.*

29. Tag (Dienstag) 13. Oktober. *Gestern Abend in Palmyra angekommen. Stadt gefällt mir. Viele fremde Leute. Tolle Karawanen, neue Tiere. Magoi gehen heute zum Tempel*

des Nebu. Nebu, sagt Bencaspar, ist Sohn des Gottes Mar-
duk. Marduk ist der Gott der Magoi. Gibt hier viele Tempel.

33. Tag (Samstag) 17. Oktober. *Sind gestern weitergezo-*
gen. Palmyra ist irre! Tempel von Nebu, Sohn von Marduk,
sehr beeindruckend. Für Marduk wird gerade neuer Tempel
gebaut. Gab auch Tempel von Gott Malakbel, Magoi sagen,
das sei ihr Schamasch aus Sippar. Bin auf breiter Säulenstra-
ße durch riesiges dreischiffiges Tor gegangen. Toll! An Ef-
qua-Quelle haben wir Wasser nachgefüllt und Weihrauchop-

Abb. 10: Palast des Zimri-Lim in Mari am Euphrat. Der
durch die umlaufende Mauer bezeichnete Gesamtumfang
beträgt ca. 530 m. Innerhalb gibt es weite Höfe, Thronsäle,
Audienzräume, die Palastkapelle, Wohnräume, Vorratsräu-
me, eine Schule, ein Archiv mit 25.000 Tafeln, Bäder. Der
rechts hinten sichtbare Komplex ist der „Heilige Bezirk" mit
Schamasch-Tempel, Ninurta-Tempel, Dragon-Tempel. Blick-
richtung: Osten.

fer gebracht, dem „Anonymen Gott", dem „Herrn der Welt"; er soll gut und barmherzig sein. Wollen in sieben Tagen in Damaskus sein.

36. Tag (Dienstag) 20. Oktober. Wunderbare Landschaft. Links im Osten schneebedeckte Berge des Antilibanon. Sind in Baalbek gewesen, Römer bauen hier für Jupiter riesigen Tempel, 60 Fuß hohe Säulen, oben noch ein Kapitäl drauf, soll 12 Fuß hoch werden. Haben schlechtes Wetter, keine Sterne. Luft ist hier anders.

40. Tag (Samstag) 24. Oktober. Neumond nicht zu sehen. Es regnet. Jerusalem soll noch höher liegen. Sind gestern Abend nach 180 Meilen in Damaskus angekommen, bei jüdischen Freunden. Hab mir den Magen verdorben. Blöd. Ruhen hier vier Tage aus. Bleibe im Bett.

43. Tag (Dienstag) 27. Oktober. Ziehen morgen weiter. Nur noch 3 Tage bis zum See Genezareth. Haben von anderen Karawanen erfahren, dass keine Räuber zu befürchten sind. Hoffentlich.

47. Tag (Samstag) 31. Oktober. Sind jetzt in Kafarnaum am See. Herrliches Wasser. Hier bleibe ich! Essen schmeckt wieder, viel Fisch. Haben gestern an der Zollstelle einen ganzen Beutel zahlen müssen. Bencaspar war wütend. Gelegentlich noch Wolken. Magoi werden aufgeregt, in 14 Tagen würde etwas Besonderes bei den Sternen passieren. In vier Tagen sollen wir in Jerusalem sein.

49. Tag (Montag) 2. November. Haben Pause gemacht in Tarichea. Kleine Stadt, lustige Leute, gefällt mir von allen am besten. Haben lebendige Stadtviertel. Magoi wollen

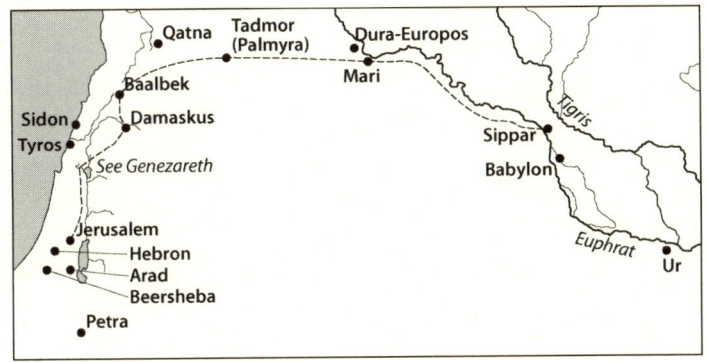

Abb. 11: Die uralte Karawanenstraße über Mari, Tadmor nach Damaskus am Fuß des Hermon. Von Damaskus zum See Genezareth sind es gut 100 km.

über Skythopolis nach Jericho und dann rauf ins Gebirge. Mein Dromedar ist prima. Ein Maultier ist tot.

52. Tag (Donnerstag) 5. November. *Sind in Jericho. Reiche Stadt, viele Paläste mit Schwimmbecken. Hier wohnen Reiche. Sehen drei Paläste von Herodes; beim Jupiter!, die sind toll! Magoi wollen morgen nach Jerusalem. Sind alle aufgeregt.*

54. Tag (Samstag) 7. November. *Sind gestern in Jerusalem ankommen. Viele Leute umringten uns. Bin stolz. Kinder fragten mich, woher wir kommen, was wir in Jerusalem wollen. Etwas mit einem neugeborenen Königssohn, aber ich darf nichts sagen, Magoi wollen zuerst zum König. Wieder schlechtes Wetter. Haben eine tolle Wohnung bei drei Türmen oben in der Stadt. Mit Dienern und Soldaten. Morgen soll Audienz bei Herodes sein.*

55. Tag (Sonntag) 8. November. *Audienz war seltsam. Magoi sind ratlos. Keiner im Palast weiß was von neuem Königssohn. Herodes war erschrocken, sagt Bencaspar. Versteht er nicht. Herodes soll grausam sein. Auch misstrauisch. Sah alt aus. Heute Abend diskutieren Magoi, wissen nicht, was los ist. Brachten alle Geschenke wieder zurück. Es gibt keinen Königssohn oder Messiaskönig. Wir müssen in unserem Haus bleiben. Draußen stehen Soldaten. Komisch! Aber Essen ist gut.*

57. Tag (Dienstag) 10. November. *Zwei Juden sind heute Nacht heimlich aus dem Fenster geklettert und in die Stadt zu ihren Freunden. Kamen heute Morgen unbemerkt zurück. Haben schlechte Nachrichten, alle in Jerusalem sind erschrocken. Keiner weiß was von neugeborenem König. Befürchten, dass Herodes viele ermorden wird. Hat schon viele seiner Frauen und Söhne umgebracht. Auch seinen Barbier und Offiziere. Böser Mensch! Magoi sind ganz durcheinander. Botschaft der Sterne scheint falsch zu sein. Bencaspar hat steinernes Gesicht. Wir sind wie Gefangene. Lage sieht nicht gut aus. Alles stimmt nicht.*

58. Tag (Mittwoch) 11. November. *Ein Soldat hat den Magoi gesagt, Herodes habe seine Hohenpriester und Schriftgelehrten eingeladen, sollen ihm sagen, wo der neue König geboren werde. Merkwürdig! Muss er doch selber wissen! Magoi sind ganz traurig, Sterne haben sich geirrt. Zum ersten Mal. Bencaspar hat geweint. Hat die Tafeln zehn Mal studiert. Kopf geschüttelt.*

59. Tag (Donnerstag) 12. November. *Magoi sind am Boden, ihre Wissenschaft hat versagt. Es gibt keinen neuen König. Mir geht es auch schlecht.*

59. Tag (Donnerstag) 12. November. *Am Nachmittag kam Bote des Königs: Wir sollen heute Nacht heimlich zu ihm kommen. Verkleidet. Nichts mitbringen. Was soll das? Magoi befürchten, er werde sie töten. Ich soll hierbleiben. Will aber mit!*

60. Tag (Freitag) 13. November. *Bin doch mit gestern Nacht. War spannend. Herodes war plötzlich nett. Gab gut zu essen. Nur der König und wir waren im Saal. Hat nach den Sternen gefragt, hat aber keine Ahnung, sagen die*

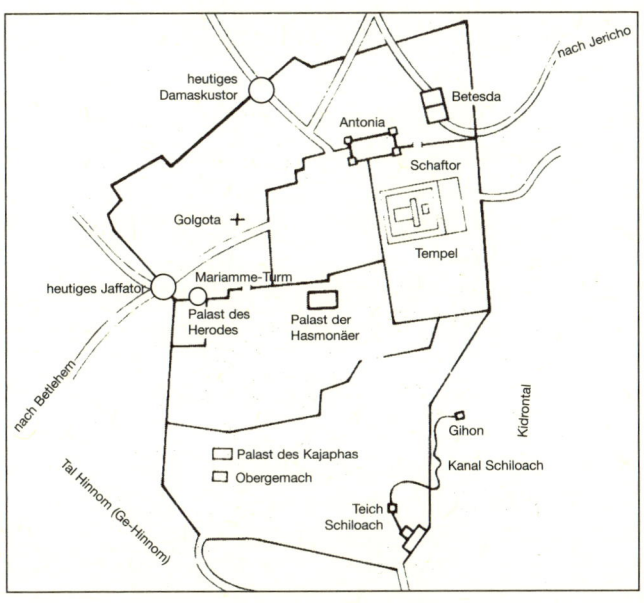

Abb. 12: Jerusalem zur Zeit Jesu mit Palast des Herodes. Die Magoi nächtigen in meinem Reisetagebuch im Turm Mariamme des oberen Palastes, nahe dem heutigen „Jaffa-Tor".

Magoi. Sie waren vorsichtig. Haben erfahren, dass Königssohn in Bethlehem geboren wird. Kennen wir nicht. Wir sollen da hin und es dann Herodes melden, dann will er auch hin. Ist aber komisch! Magoi sagen, irgendetwas stimme da nicht. Heute Vormittag kommt endlich die Sonne wieder vor. Klares Wetter, aber etwas kalt. Wollen heute Nachmittag zu diesem Ort Bethlehem. Magoi sind immer noch bedrückt. Bencaspar ist irgendwie aufgeregt. Heute Nacht soll was bei den Sternen passieren. Wie finden wir das Kind in Bethlehem? Ich werde es finden.

60. Tag (Freitag) 13. November. *Das glaubt mir keiner! Die Sterne waren da! Sie haben auf Bethlehem gezeigt, auf ein Haus! Wir sind jetzt unten vor der Stadt, die ist auf einem Hügel, wir sind unten zwischen Olivenbäumen. Magoi haben Geräte aufgebaut und sind ganz aufgeregt, haben geschrien, gelacht. Bencaspar tanzt immer noch. Jupiter hat gesagt, Bethlehem ist richtig! Nachts soll immer jemand die Geräte bewachen. Ich freue mich auch. Morgen Vormittag wollen wir hinaufgehen und den Königssohn finden. Bin aufgeregt!*

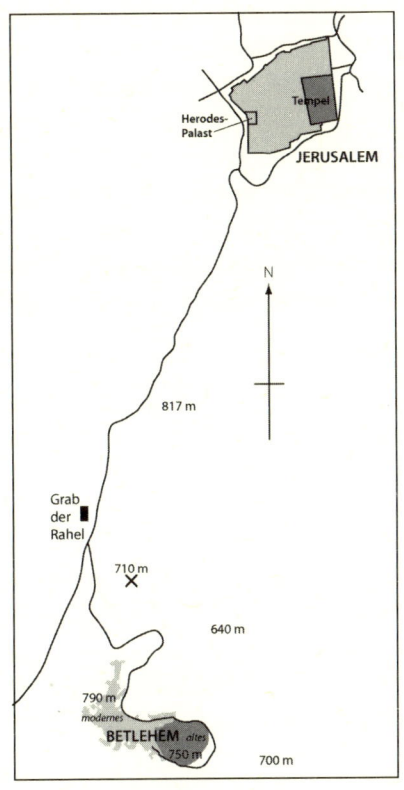

Abb. 13: Die alte Straße von Jerusalem nach Bethlehem.
Vom Jaffa-Tor beim oberen Herodes-Palast bis zur höchsten
Stelle dieses Weges bei 817 m sind es etwa 7 km. Dann wei-
tere 3 km bis zu einer Mulde, östlich des Rahel-Grabes und
nördlich vor Bethlehem, bei etwa 650 bis 710 m Höhe. Das
Bethlehem der Zeit Jesu lag wahrscheinlich auf dem östli-
chen Abhang des Doppelhügels (wo heute die Geburtskir-
che steht), dessen westlicher Teil etwas höher ist als der
östliche. Je nach dem, wo, also wie tief man in der Mulde
steht, ragt der Ort vor einem zwischen 40 m bis 100 m auf.

Was haben die Magoi an diesem Abend gesehen?

An dieser Stelle wollen wir innehalten und astronomisch-wissenschaftlich untersuchen, was die Magoi an diesem Abend gesehen haben. Erwähnt werden soll, dass der mathematische Stillstand von Jupiter und Saturn zwar am 12./13./14. November (20. Arah'samma 305 SE und folgende) 7 v. Chr. eintrat, für die normale Beobachtung von der Erde aber von einem „Zeitfenster" ausgegangen werden darf (etwa 8 bis 14 Tage lang), innerhalb dessen man dieselbe Beobachtung in einer für das normale Auge kaum unterscheidbaren Weise gemacht hätte.

In Jerusalem hatte die Magoi eine Überraschung erwartet. Als sie, ihrer Tradition gemäß, zuerst dem König von der Vorausbestimmung der Sterne berichteten und in der Audienz feierlich verkündeten: „Wo ist der neugeborene König der Juden? Wir haben seinen Stern in dem Aufgang gesehen und sind gekommen, ihm zu huldigen", da mussten sie hören: Niemand weiß etwas von der Geburt eines Königssohnes! Auch der König Herodes nicht, wie der Text bei Matthäus zu verstehen gibt. Er war sogar erschrocken statt erfreut. Die Magoi waren kaum in der Lage, diese Reaktionen richtig einzuordnen. Für sie musste der Verdacht aufkommen, dass ihre Sterne sich geirrt hatten.

Der Text bei Matthäus gibt weiterhin zu verstehen, dass Herodes darauf achtete, dass die Magoi von den Menschen der Stadt Jerusalem ferngehalten wurden. Vor allem von den religiösen Führern, die entschieden gegen den König eingestellt waren. Der Grund dafür ist nach unseren historischen Kenntnissen einsichtig: Er fürchtete, es könnte sich eine neue Koalition gegen ihn bilden. Denn die Hohepriester wollten ihn so schnell wie möglich loswerden und erwarteten zudem einen Messias, wie die historischen Quellen überliefern. Herodes war in seinem Alter immer misstrauischer und eifersüchtiger geworden, hatte schon hunderte Verdächtige umgebracht, sogar acht seiner zehn rechtmäßigen Frauen einschließlich seiner Lieblingsfrau Mariamme, auch seinen Barbier und Offiziere und die eigenen Söhne. Vielleicht fürchtete er, von irgendeiner Frau sei noch ein Sohn übrig geblieben und der komme jetzt, ihm seinen Thron streitig zu machen. Deshalb „erschraken" sowohl er als auch ganz Jerusalem: Es würde wohl wieder ein blutiges Niedermetzeln beginnen.

Herodes war kein wissenschaftlicher Astronom, wohl aber an der Botschaft der Sterne interessiert. Er vermutete anscheinend, der Früh- oder Abendaufgang des Jupiter habe den Tag der Geburt des Nebenbuhlers markiert. Dieser Frühaufgang lag, nach babylonischer Zeitrechnung, bereits im für die Magoi vergangenen Jahr, das sie ihm deshalb auch nannten. Deshalb ließ Herodes später alle Kinder „bis zum Alter von zwei Jahren" töten. Daran merkten die Magoi, dass der alte König keine Ahnung hatte, denn der Aufgang von Jupiter sagte nichts über den Tag der Geburt des neuen Königs. Überhaupt ist der Bericht bei Matthäus nicht auf Herodes konzentriert, sondern schildert lebendig das Erleben der Magoi. Sie erfuhren von der Versammlung aller Hohepriester und Schriftgelehrten beim König, von seiner Frage, wo der Messias geboren werden solle (Herodes war kein Jude), von deren Antwort als Zitat aus dem Propheten Micha „Du Bethlehem im Gebiet von Juda, bist keineswegs die geringste ... denn aus dir wird ein Fürst hervorgehen, der Hirt meines Volkes Israel."

Die heimliche Privataudienz

Herodes rief die Magoi ein zweites Mal zu sich, aber dieses Mal „heimlich". Hier hören wir deutlich vom Misstrauen des Herodes und von seiner Vorsorge, keine Allianz zwischen den Magoi und den Hohepriestern entstehen zu lassen; für die Hohepriester wäre die Botschaft der Magoi nämlich gerade recht gekommen. Herodes nennt den fremden Sterndeutern jetzt den Ort Bethlehem als Ort der Geburt – einen Namen, den sie bisher nicht gehört hatten! – und schickt sie dorthin. Sie sollten das Kind finden und es ihm anschließend melden. Man kann diese Anweisung als ein Gemisch aus Heimtücke und Angst, Vorsichtsmaßnahme und Nicht-ganz-ernst-Nehmen verstehen. Für die Magoi war die Anweisung merkwürdig genug, noch mehr auf der Hut zu sein. Ob Herodes ihnen heimlich auch Spione nachgeschickt hat, mag sich jeder selber ausdenken.

Rufen wir uns noch einmal die Fakten in Erinnerung:

Die Magoi wussten aufgrund ihrer Tontafeln, dass in dieser Nacht der (mathematische) westliche Stillstand von Jupiter und Saturn (auf dem Hintergrund des Fixsternhimmels) sehr nahe beieinander im Zeichen der Fische stattfinden würde. Sie wussten das! Sie brauchten das nicht erst zu sehen. Aber natürlich war es ihr Verlangen, etwas zu sehen, was man nur alle 1000 Jahre zu sehen bekam. Bis nach Jerusalem hatten sie nicht die beiden Sterne geführt, sondern das ganz normale Wissen der Menschen, wo Jerusalem, die Hauptstadt der Juden, lag. Und dort im Königspalast war gewiss der Königssohn geboren worden. Aber: Er war nicht dort! Und niemand wusste von ihm. Ab hier begann ihre Enttäuschung, ja Verzweiflung, denn ihre Wissenschaft schien sich geirrt zu haben. Nun wurden sie nach Bethlehem geschickt, einen Ort, den sie bis dahin nicht kannten, von dem sie auch nicht wussten, wo er lag. Bethlehem aber lag genau südlich von Jerusalem, etwa zwei Stunden Fußweg entfernt, ca. 11 km. Da die Magoi das Jahrtausendereignis der beiden Sterne gewiss sehen wollten, was man sich aber besser von freiem Feld und erhöhtem Standort anschaute, verließen sie Jerusalem gegen Abend. Die Sonne ging an jenem Freitag, dem 13. November 7 vor Christus, um 17.18 Uhr im Westen unter,

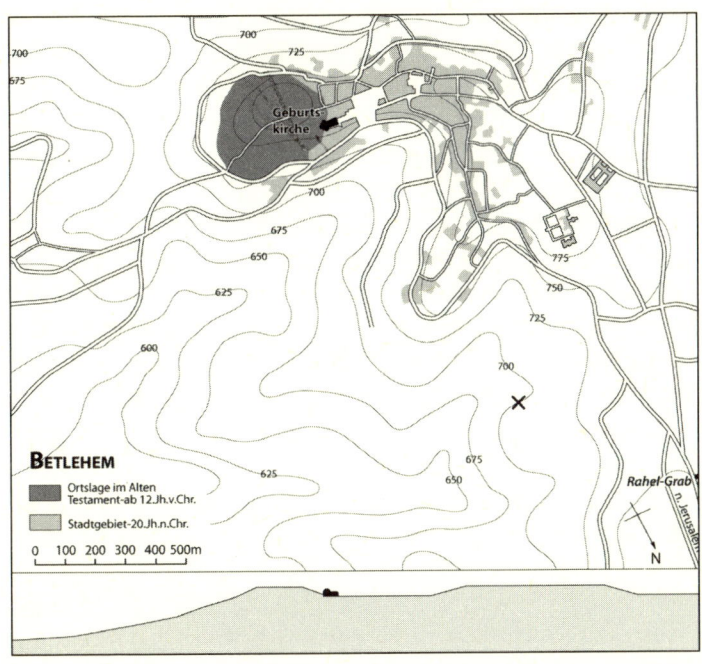

Abb. 14: Die Landschaft nördlich von Bethlehem. Anhand der Höhenlinien ergibt sich von Standort X bei 700 m etwa obiger Blick auf die „skyline" von Bethlehem.

das Nachtdunkel begann um 18.40 Uhr. Die heutige wissenschaftliche Astronomie hat berechnet, dass jene Nacht eine sehr dunkle Nacht war und das Streulicht gleich Null. Man konnte also einen überaus klaren Nachthimmel beobachten, vor allem, wenn man die geübten Augen von Sternkundigen besaß.

Die Straße nach Süden, nach Hebron, führt zunächst über einen flachen Hügel, bevor sie sich auf Bethlehem zusenkt. Von diesem Punkt bei 817 m Höhe müssen sie einen unglaublichen Blick auf den Himmel gehabt und ein Schauspiel entdeckt haben, das sie überhaupt nicht erwartet hatten! Es war nicht auf ihren Tafeln notiert: Von links, von Osten her, kamen Jupiter und Saturn (ca. 50° hoch) und zogen westwärts auf Bethlehem zu! Sie selber zogen nach Bethlehem auf ihrem Weg von Norden her! Die Sterne gingen ihnen voran, führten sie zu dem Ort, wo das Kind war. Im Schnittpunkt beider Wege lag der Ort, wo der neugeborene König war. Die Botschaft ihrer Wissenschaft stimmte jetzt noch viel mehr, als sie sich je hatten denken können. „Und sie freuten sich mit großer Freude gar sehr!", sagt der Text bei Matthäus. Nicht über das Kind! Sondern darüber, dass ihre jahrhundertealte Sternbeobachtung alles genau gewusst hatte.

Abb. 15: Jupiter und Saturn aus der Sicht der Magoi in der Mulde vor Bethlehem am 13. November 7 v. Chr. um ca. 20.00 Uhr. Der heller werdende Lichtkegel ist das Zodiakallicht; es wird gleich erklärt werden. (Nach P. Tenjes, Tartu)

Käme auch eine andere Nacht in Frage?

Woher wissen wir aber, dass es genau dieser „Gang" der Sterne war? Käme nicht auch eine andere Nacht in einem anderen Jahr in Frage?

Wer sich eine passende Sternkarte besorgt, findet eine unbezweifelbare Antwort. Erstens: Jupiter und Saturn im Zeichen der Fische mit dreimaliger Nähe und zweimaligem Stillstand nahe beieinander – das passiert nur alle 854 Jahre. Zweitens: Jupiter und Saturn kamen ursprünglich von Westen her, Jupiter lief dabei schneller und oberhalb von Saturn. Ihr erstes nahes Zusammentreffen geschah zwischen 29. Mai und 8. Juni; danach liefen sie weiter in Richtung Osten, der schnellere Jupiter über Saturn hinaus. Der erste Stillstand von beiden geschah zum 24./25. Juli im Westen. (Die genauen Gradzahlen lasse ich weg.) Danach bewegten sich beide Sterne (auf ihrem Kreislauf um die Sonne) von der Erde aus betrachtet scheinbar zurück. Für Mitte September war ihr gemeinsamer Abendaufgang vorausberechnet, den die Magoi nach meiner Annahme noch in Sippar feierlich beobachteten. Zwischen dem 26. September und 6. Oktober kamen die beiden Planeten einander zum zweiten Mal sehr nahe, und der schnellere Jupiter zog oberhalb von Saturn an diesem wieder vorbei. An unserem 12./14. November geschah nun der zweite Stillstand beider, der westliche; danach zogen beide Sterne wieder gen Osten und gerieten noch einmal, zwischen 5. und 15. Dezember, sehr nah aneinander.

Kommen wir nach diesen Erläuterungen zur Frage zurück: Ist auch ein anderes Zusammentreffen der beiden Sterne in einem anderen Jahr möglich gewesen? Nein, das ist nicht möglich. Nur am 13. November (plus Zeitfenster) 7 v. Chr.

war astronomisch möglich, dass die Magoi sehen konnten, wie Jupiter (Königsstern) und Saturn (Stern der Juden) sie nach Bethlehem führten, wie Jupiter und Saturn ihnen auf ihrem Weg „vorangingen" zu der Stadt, zu der sie auf ihrem Weg von Norden nach Süden unterwegs waren. Nur für diese Nacht passen beide Ereignisse haargenau zueinander! Was Matthäus schildert, ist genau das, was zu sehen war. Dieses astronomische Ereignis war ferner nur „einsehbar" für jemanden, der von Norden nach Süden ging. Zudem muss man berücksichtigen, dass die Magoi genau wussten, unabhängig von der natürlichen Beobachtung, wo und wann genau die Sterne mathematisch stehen bleiben würden. Für sie traf alles so exakt, so korrekt und unerwartet, so unvorhersehbar ein und zusammen, dass sie geradezu von Sinnen gewesen sein müssen.

Das Wunder des Zodiakallichts

Aber es passierte noch etwas. Etwas, was sie vorher nicht wussten, was auf ihren Tafeln (die wir kennen) nicht vorgemerkt war. Als die Magoi auf ihrem Weg bis zu einer Mulde vor Bethlehem gezogen waren (siehe Abb. 13 und 14), mussten sie das Phänomen sehen. Wir können es heute dank unseres astronomischen Wissens korrekt rekonstruieren: Sie sahen einen schwachen Lichtschein, der von Jupiter und Saturn auszugehen schien und sich über Bethlehem, das vor ihnen etwa 70 m höher auf dem Hügel lag, herabsenkte. Er hatte die Form einer schräg von links oben nach rechts unten stehenden schmalen Parabel, deren dünnes Ende auf die Sterne hinzeigte, während sein breiterer „Fuß" auf dem rechten Hügel ruhte. Vielleicht reichte der schwache Lichtschein nicht bis zu den Sternen hin, aber für die Sterndeuter musste es den Anschein haben, dass er von den beiden Sternen ausging und sich wie ein Lichtkegel auf Bethlehem herabsenkte.

Was für ein Licht war das?

Wir nennen es das Zodiakallicht. Es hat nichts mit den beiden Sternen zu tun. Es ist eine Reflektion des Sonnenlichts auf der Ebene der Ekliptik anhand feinster Partikelchen im Weltraum. Die Sonne stand zu diesem Zeitpunkt weit unter dem Horizont. Die beiden Sterne aber standen in dieser Nacht genau in der Ebene der Ekliptik. Der scheinbare Lichtschein kam zwar astronomisch „von unten", von der Sonne her herauf, aber das wussten die Magoi nicht. Für ihr Auge stellte sich das Ganze so dar, als ginge von den Sternen ein Lichtschein aus, der auf Bethlehem zeigte. (Das war dem Eindruck nach auch dann so, wenn dieser Lichtschein nicht bis zu den Sternen hinreichte. Aber in diesen südlichen Breiten bei dieser klaren Nacht ohne Streulicht könnte das Zodiakallicht tatsächlich bis zu den Sternen hin gesehen worden sein.)

Es kam noch etwas hinzu: In seinem oberen schmalen Ende bewegte sich der Lichtkegel, entsprechend der Ekliptik bzw. der Eigendrehung der Erde, noch etwas weiter nach rechts, nach Westen; die Sterne sanken dabei fast unmerklich mit dem Kegel nach unten. Aber der Fuß des Lichtkegels blieb stets unverwandt auf derselben Fläche stehen (das hängt mit der Ekliptik zusammen), auf derselben Fläche von Bethlehem. Auch dies ist wissenschaftlich rekonstruierbar. Zog man nun eine gedachte Achse von der Spitze des Lichtkegels zum Mittelpunkt seines Fußes, dann zeigte dieser Mittelpunkt stets auf nahezu dieselbe Stelle des Ortes, während der obere Teil sich leicht nach rechts und nach unten bewegte. Der Lichtkegel von Jupiter und Saturn zeigte auf einen Punkt in Bethlehem. Unverwandt. Immer genau auf diesen einen.

Schauen wir nun in den Text bei Matthäus, dann hören und sehen wir geradezu greifbar, wie Matthäus offensichtlich dies Phänomen mit allgemein verständlichen Worten zu beschreiben sucht: „Der Stern (Jupiter, der Königsstern) zog vor ihnen her, führte sie, bis er im Gehen angekommen hingestellt wurde oben über dem, wo das Kind war."

Genauer kann man es nicht beschreiben.

Es geht bei diesem „Zeigen" aber nicht um den gesamten Ort Bethlehem. Bethlehem war ihnen genannt worden von Herodes, das fanden sie ohne Stern und ohne besonderes Lichtzeichen. Schwieriger war es, in dieser kleinen Stadt jenes einzigartige Kind zu finden. Aber nun zeigten die Sterne mit dem unteren Punkt der Achse ihres Lichtkegels unverwandt auf einen Punkt. Die Magoi brauchten nur ihre Geräte auf den Schnittpunkt „gedachte Mittelachse des Lichtkegels" und „Skyline von Bethlehem" einstellen – am nächsten Morgen bei Tageslicht konnten sie dort ein Haus ausmachen.

Aber noch ein Letztes: Wir können rekonstruieren, welche Fläche in Bethlehem diese Mittelachse des Zodiakallichtes in jener Nacht bestrichen hat. Es ist nicht der Ort, wo heute die Geburtskirche steht, unter der wir die Höhle der Geburt des Gottessohnes betreten! Es ist eine Fläche gewesen, die etwa 100, 200 m westlich davon lag, etwa auf dem heutigen großen Platz vor der Geburtskirche. Was soll das bedeuten? Erinnern wir uns, dass wir ganz am Anfang eine Merkwürdigkeit in den Texten von Matthäus und Lukas festgestellt hatten: Nach Lukas waren Maria und Josef in einen „Höhlenstall" gegangen, dort gebar Maria ihren Sohn, wickelte ihn in Windeln und legte ihn in die Krippe mit dem Stroh für die Tiere. Die Magoi aber, so berichtet Matthäus, traten „in das Haus" ein und fanden dort Maria und das Kind! Genau dafür haben wir jetzt die Bestätigung durch die Sterne und das Zodiakallicht. Die Magoi kommen zu einem späteren Zeitpunkt, zu einer Zeit, da Josef und Maria den „Notbehelf Höhle" wieder verlassen hatten. Das ist ja normal: Josef hatte so schnell wie möglich eine passende Unterkunft in dieser Stadt gesucht, die wegen der *„apographē"* (Lk 2,2), dem ersten Akt der Volkszählung und Wehrerfassung, völlig überfüllt war von all den Männern der Familie des Josef, die in Bethlehem Haus und Boden hatten und sich an ihrem Geburtsort bei den römischen Beamten melden mussten. Offensichtlich fand er ein Haus 100 oder 200 m weiter westlich auf dem Hügel, während der Ort selber vermutlich eher am östlichen Abhang lag (damit die Schmutzwasser nicht in der Stadt stehen blieben). Dort in dieses „Haus" traten die Magoi ein.

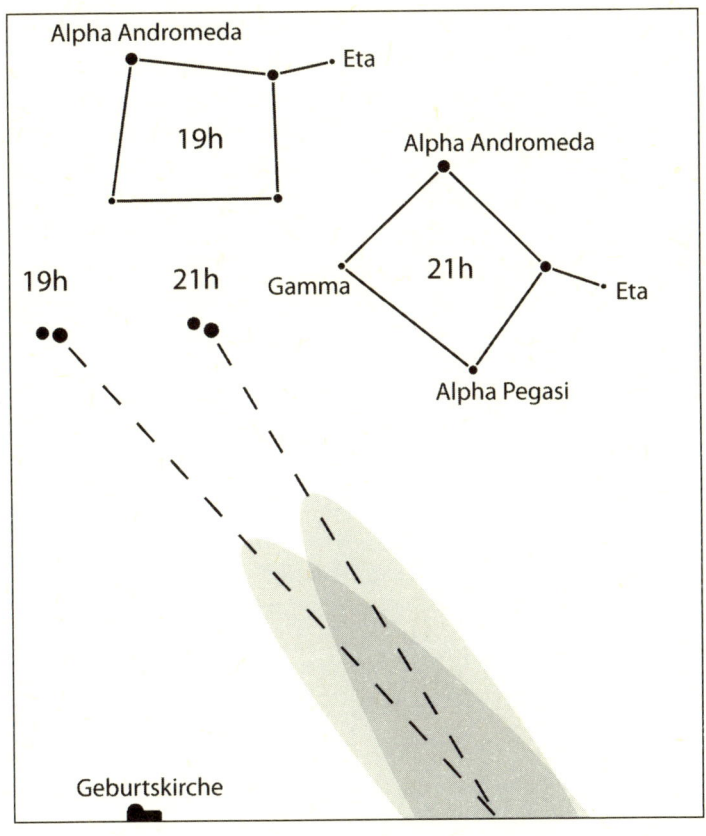

Abb. 16: Die Bewegung des Zodiakallichts am 13. Nov. 7 v. Chr.

Man sieht das „Pegasus-Quadrat" mit seinen bekannten Sternen, darunter Jupiter und Saturn. Während sich das Pegasus-Quadrat binn zwei Stunden um 41° drehte, richtete sich die gedachte Achse des Zodiakallichtes um nur 11,7° steiler auf. Dabei schienen die Sterne, für die Beobachtung von den Magoi aus, über Bethlehem stillzustehen.

Wann kamen die Magoi zum Haus der Maria und des Josef?

Wann kamen die Magoi nach Bethlehem?, um eine letzte Frage zu stellen. Eines können wir schon sagen – und unser traditionelles Bild von der Geburt in Bethlehem weiter korrigieren: Sie kamen nicht gleich nach der Geburt, wie alle schönen Krippenszenen so liebreizend anzeigen. Sie kamen später. Es gibt einen alten, legendenhaften Text (Protoevangelium des Jacobus), der in seiner ältesten Abschrift (dem Papyrus-Codex Bodmer V) eine eigenartige Formulierung bietet: „Und als die Magier sahen den Stehenden neben seiner Mutter Maria ..." Wenn das einfache Griechisch des Urtextes nach wissenschaftlichen Regeln korrekt wiedergegeben ist, könnte seine Formulierung vom „stehenden" (Kind) neben seiner Mutter darauf hindeuten, dass Jesus mindestens zehn Monate alt war, als die Magoi nach Bethlehem kamen. Und einmal mehr würden die Berichte des Lukas und des Matthäus nahtlos zusammenpassen: Nach der Geburt erfolgte die Umsiedlung in ein eigenes Häuschen, Beschneidung und Namengebung nach acht Tagen, nach weiteren 33 Tagen Reinigung der Mutter und Auslösung des Knaben im Heiligtum zu Jerusalem. Dann weiteres Wohnen in Bethlehem. Nach 10 Monaten Besuch der Magoi, dann sofort Flucht nach Ägypten, Tötung der Kinder von Bethlehem durch Herodes.

Mit diesen Darlegungen können wir bestätigen, dass der Bericht bei Matthäus über den Stern über Bethlehem (und des Lukas über die Vorgänge nach der Geburt) sich nicht widersprechen, sondern genauestens mit astronomischer und historischer Wirklichkeit übereinstimmen und sich gegenseitig ergänzen.

Kehren wir nach diesen wissenschaftlichen Erläuterungen zurück zur Reisegruppe und hören wir, was unser Junge in seinem Reisetagebuch weiter notiert hat:

61. Tag (Samstag) 14. November. Bin enttäuscht! Das war ein Kind! Ganz normales Kind. Konnte bei seiner jungen Mutter nur stehen, wenn es sich an ihr festhielt. Nichts von Königssohn! Eine normale Hütte. Und die Gelehrten knieten ehrfürchtig. Warum? Und gaben ihre kostbaren Geschenke, Gold, Weihrauch, sogar Myrrhe. Warum? Bencaspar spricht nicht mit mir, als ist er mit Gedanken woanders. Bin sauer. Gab noch Diskussion, irgendwas mit Herodes und Gefahr. Wegen dieses Kindes? Versteh ich nicht. Heute Abend soll ein Fest sein, unten bei unseren Zelten. Hoffentlich gibt es gutes Essen.

65. Tag (Mittwoch) 18. November. Bin völlig fertig. So schnell sind wir noch nie geritten. Tiere können nicht mehr. Sind im Mamshit, ist Gebiet der Nabatäer. Die Feier nachts war prima. Bis ich merkte, da passiert was. Die zwei Spione von Herodes wurden „flach" gelegt – dann packten wir in Windeseile unsere Sachen und sausten los, nach Süden. Schwarze Nacht! Ohne Pause, bis zum Dorf Halhul auf der Straße, dann nach Osten quer durch die Wüste, in Kariod Pause. Weiter nach Arad, weiter nach Mamshit. Jetzt, sagt mir Bencaspar, sind wir sicher vor Herodes. Wo ist die junge Mutter mit dem Kind? Als wir aus dem Haus gingen, kam sie und legte das Kind in meine Arme. Das war eigenartig. Ich habe in seine Augen gesehen. Die Frau war sehr schön. Sie lächelte. Werde ich nie vergessen. Habe ihr meine Wasseruhr geschenkt. Abends war sie nicht bei der Feier. Ihr Mann auch nicht. Wo sind sie jetzt? Vielleicht habe ich nicht alles verstanden.

70. Tag (Montag) 23. November. *War schön in Mamshit. Gibt hier großes Wasserbecken. Reiche Stadt. Nette Leute. Bekommen neuen Führer, neue Tiere. Morgen geht es auf Karawanenstraße durch Wüste Yamin, über Gebirge, die Skorpionensteige runter in die Arava nach Petra. Von dort zurück nach Babylon. Höre jetzt auf mit Schreiben. Verstehe nicht, was ich gesehen habe. Muss Bencaspar fragen. Er ist wieder heiter, fröhlicher als vorher. Alle Magoi sehen glücklich aus. Warum? Haben doch ihre Schätze weggegeben. Komisch. Ich muss darüber nachdenken.*

Es bleibt eine letzte Frage, die so manchem Leser schon lange im Kopf herumgegangen sein mag: Wenn die Verse 1 bis 12 vom Anfang des zweiten Kapitels bei Matthäus in einem anderen Sprachstil geschrieben sind, dabei präzise und fachlich korrekt von Jupiter, dem Königsstern, sprechen, dazu von den zwei Audienzen bei Herodes – was eigentlich nur von einem überliefert worden sein kann, der dabei war – ebenso den Weg hinüber nach Bethlehem und die Freude über den Stern, dann ergibt sich die Frage: Woher hat Matthäus diesen Bericht, der die betreffenden Phänomene historisch, geschichtlich, geografisch und astronomisch so genau beschreibt, wie kein zweiter Text der Evangelien etwas wiedergibt? Den die anderen Evangelisten aber in keiner Weise erwähnen?

Zur Beantwortung dieser Frage braucht man eigentlich nur die hier erwähnten Fakten plus einige andere, zuvor im Buch beschriebene Tatsachen genau zusammenlegen, und schon ergibt sich aus der inneren Struktur dieser Fakten die Antwort: Die größte Wahrscheinlichkeit spricht dafür, dass einer der Magoi selber dieses sein Erleben aus dem Jahre 7 v. Chr. dem Schreiber des Matthäusevangeliums mitgeteilt hat.

Die Forschung geht immer noch davon aus, dass das Matthäusevangelium etwa um 85 irgendwo in Syrien von einem unbekannten Autor geschrieben worden sei. Diese Ansicht habe ich in anderen meiner Arbeiten als höchst unwahrscheinlich zurückgewiesen. Matthäus hat meiner Überzeugung nach, für die es hervorragende Gründe gibt, sein Evangelium auf Aramäisch in Jerusalem geschrieben, und zwar etwa zwischen den Jahren 43 und 60. Unter dieser Annahme ist es von den äußeren Umständen her gut möglich, dass einer der Magoi (oder jemand, der zu ihnen in nahem Verhältnis stand) etwa um die Mitte der vierziger

Jahre nach Jerusalem kam, dort Kontakt zu jemandem such-
te, der mit diesen Ereignissen von vor über 50 Jahren noch
in Beziehung stand, um zu erfahren, was aus all dem geworden war. Dieser Mann gab dem Matthäus seinen wissenschaftlich knapp und exakt formulierten Bericht, den Matthäus, vielleicht in Zusammenarbeit mit ihm, für sein
Evangelium noch leicht überarbeitete. Die „inneren Umstände" legen diesen Besuch noch mehr nahe: Denn was der
Stern ihnen, den Magoi, mitgeteilt hatte, was viel mehr
stimmte, als sie je geahnt hatten, das war von Bedeutung für
die ganze Welt. Das musste einen bewegen, nachzuforschen,
was aus dem Kinde geworden war.

Kommen wir zum Ende unserer Forschungen. Wir haben Wissenschaft betrieben in verständlicher Sprache und anschaulich! Unser Glaube an Jesus, den Erlöser der Menschheit, fußt nicht auf Legenden, Einbildungen oder Irrtümern, sondern auf Wirklichkeit. Aber neben der äußeren gibt es auch eine „innere" Wirklichkeit. Sie geschah damals in den Magoi. Sie geschieht in jedem von uns. In jedem ICH. Jeder von uns geht einen Weg wie die Magoi, auch wir kennen „Sterne", Hinweise, Wunderliches, Fragwürdiges. Wir müssten nur mehr darauf achten. Es beherzigen, uns davon auf den Weg bringen lassen. Altes aufgeben und in unbekanntes Land ziehen. Am Ende ein Kind finden. Nur ein Kind. Die Magoi sind uns Vorbilder. Sie fanden eine Botschaft, deutlich genug,

dass sie sich auf den Weg machten,

anders genug, dass sie fragen mussten,

verborgen genug, dass sie (ver)zweifelten,

klar genug, dass sie vor Freude außer sich waren,

geheimnisvoll genug, dass sie knieten, anbeteten und schenkten.

Literaturangaben und Bildnachweis

Den Ausführungen liegt mein Buch zugrunde: „Quirinius, die Steuer und der Stern – Warum Weihnachten wirklich in Betlehem war". Innsbruck 2006/topos-plus 612. Dort alle Literaturangaben.

Bildnachweis:
Abb. 1, 9: Zeichnungen von *Eva-Maria Nolte*, Bielefeld.
Abb. 3, 15: nach *Dr. Peeter Tenjes,* Tartu, Estland.
Restliche Abbildungen: nach Vorlagen des Autors.